交通运输经济发展研究

薛燕 孙佳鑫 曹威 著

延边大学出版社

图书在版编目（CIP）数据

交通运输经济发展研究 / 薛燕，孙佳鑫，曹威著
. -- 延吉 : 延边大学出版社，2023.5
ISBN 978-7-230-04823-1

Ⅰ．①交… Ⅱ．①薛… ②孙… ③曹… Ⅲ．①交通运输发展－经济发展－研究－中国 Ⅳ．①F512.3

中国国家版本馆 CIP 数据核字(2023)第 077965 号

交通运输经济发展研究

著　　者：薛　燕　孙佳鑫　曹　威
责任编辑：李逢雨
封面设计：文合文化
出版发行：延边大学出版社
社　　址：吉林省延吉市公园路 977 号　　　邮　编：133002
网　　址：http://www.ydcbs.com
E-mail：ydcbs@ydcbs.com
电　　话：0433-2732435　　　　　　　　　传　真：0433-2732434
发行电话：0433-2733056
印　　刷：三河市嵩川印刷有限公司
开　　本：787 mm×1092 mm　1/16
印　　张：8.75　　　　　　　　　　　　　字　数：160 千字
版　　次：2023 年 5 月　第 1 版
印　　次：2023 年 5 月　第 1 次印刷
ISBN 978-7-230-04823-1

定　　价：68.00 元

前　言

作为经济发展的子系统，经济发展与交通运输系统二者之间存在紧密的关联性。交通运输业的发展与当地经济建设密不可分，是发展经济的重要纽带。只有路好了，才能更好地发挥当地的优势，带动周边地区的经济发展。交通运输体系是国民经济的重要组成部分，两者之间是相互促进、相互制约的关系。在经济发展的过程中，要协调好两者之间的关系才能更好地带动当地经济的发展。

本书基于经济学基本原理，以具体的交通运输经济问题为主要关注对象，力图使读者理解交通运输经济问题的特点及其与一般经济理论的联系。本书对我国交通运输的综合发展、运行系统、新技术与新业态进行系统分析和研究，主要包括交通运输一体化、交通发展的驱动力、运输行业运行系统、智能交通新技术、"互联网＋"新业态等。

本书以经济学的基本理论为基础，力求反映国家最新的运输政策法规和有关运输经济学的国内外最新研究成果。本书的主要特点包括：

（1）考虑到本专业学生没有先修经济学课程，因此第一章专门介绍运输经济学的相关知识，并穿插讲述经济学基础知识及其在交通运输业中的应用。

（2）注重培养学生的应用意识，注重理论与实践相结合，主要章节配有相应案例。

在全书的撰写过程中，作者参考和借鉴了大量相关专著、论文等理论研究成果，在此向各位作者致以诚挚的谢意。

由于交通运输经济发展涉及的范围较广，需要探索的层面比较深，研究难免存在不足之处，恳请前辈、同行和读者见谅。

目 录

第一章 运输经济学概论 ··· 1
 第一节 运输经济学概述 ·· 1
 第二节 运输经济学的发展 ··· 4
 第三节 运输经济学的学习 ··· 11

第二章 交通运输综合发展 ·· 14
 第一节 交通运输一体化 ·· 14
 第二节 转变交通运输增长方式的必要性 ·· 18
 第三节 我国交通发展的驱动力转变 ··· 22
 第四节 交通运输资源优化配置 ··· 26
 第五节 交通运输发展和改革的理论创新 ·· 30

第三章 交通运输行业综合运行分析系统 ·· 35
 第一节 交通运输行业综合运行分析概述 ·· 35
 第二节 交通运输行业综合运行分析系统基本结构和总体技术架构 ··················· 38
 第三节 交通运输行业综合运行分析主题数据组织 ··· 43
 第四节 交通运输行业综合运行分析系统设计 ··· 46
 第五节 交通运输行业综合运行分析系统的建设 ·· 50

第四章 交通运输行业运行监测系统 ··· 54
 第一节 交通运输行业运行监测系统概述 ·· 54

第二节　交通运输行业运行监测系统的运行 ·· 62

第五章　交通运输行业公众出行信息服务系统 ·· **77**
　　第一节　交通运输行业公众出行信息服务系统的任务、需求及服务对象 ············ 77
　　第二节　交通运输行业公众出行信息服务系统的结构、流程、接口与建设任务 ······ 83
　　第三节　交通运输行业公众出行信息服务系统各子系统介绍 ······················· 90

第六章　智能交通新技术和新业态 ·· **109**
　　第一节　智能交通新技术 ··· 109
　　第二节　"互联网＋"新业态 ·· 121

参考文献 ··· **131**

第一章　运输经济学概论

第一节　运输经济学概述

一、运输与经济学

运输指的是人或者货物通过运输工具经由运输网络，由甲地移动至乙地，完成某个经济目的的行为。简单地讲，运输是在一定范围内的人和物的空间位移。需要说明的是，社会生活中发生的人和物在空间位置上的移动几乎无所不在，但并不是所有的人和物的位移都属于运输经济学探讨的范畴。经济活动引起的物质移动有很多，除了一般的货物运输，还有输电、输水、供暖、供气，以及电信部门传输的信息，等等。这些物质移动在一定意义上与货物的移动并没有什么本质的区别，而且其中有一些也确实是从货物运输中逐渐被分离出来的。但是，由于输电、输水、供暖、供气和电信传输都已各自拥有独立于交通运输体系的传输系统，它们完成的物质移动不再依赖于人们一般所承认的交通运输工具，因此这些形式的物质移动不包括在运输领域中。

在自然经济社会中，生产和生活所需要聚集的必要要素种类较少。因此，物质、能量、信息的流通域小，且在大地域范围内的流通频度也很低，只在一个窄小范围之中相对较高，所以在这种社会中经济是以板块割据的形态出现的。自然经济社会生产的产品单调导致各经济板块具有同质性，经济的同质性则导致其流通域中的流通频率低、强度小，这时的运输并非现代意义上的作为一种产业的运输。因此，有学者认为，包括运输经济学在内的任何一种经济学都是资本主义生产方式的产物。而只有当流通的涉及面广、强度大、方向复杂、频繁重复时，研究其有效性才有重大的社会意义或价值。也正因为研究意义重大，所以才促使其研究内容成为一门经济科学。资本主义社会实现了社会化的大生产，生产力提高，这种生产力的提高来自社会化大生产中的规模经济，实现规模经济的理论方法是实施生产高度分工，具体操作方法就是集中化、同步化和标准地进行生产。同时，与这种生产方式同构地生成了地点相对集中（主要在城市）、不断重复、高强度的货流、客流，这些货流、客流则使得运输成为一种产业。产业的运作要求是使资源得到有效配置，这正是经济研究中的本原问题。因此，资本主义生产方式是包括运输经济在内的各种产业经济学产生的根据，需要注意之处是由此引出的各种经济学不一定是同期产生的，而是有先有后，其中通常是先"一般"后"专门"。因为专门的经济学理论是要有一般经济学理论做基础的，所以运输经济学产生的必要条件有两个：一是运输产业的存在；二是有普通的经济学作基础。

二、运输经济学的定位

运输经济学是应用经济学的一个分支，它是以经济学的理论和分析方法，探讨与运输有关的各种经济问题的一门学科。

根据研究对象的不同，目前与运输经济有关的学科，大致可划分为运输经济学、运输地理学、运输规划学、运输工程学、运输组织学和运输管理学六个领域。这六个领域之间相互联系和交叉，有时候不容易分得很清楚。一般来说，运输经济学研究的是运输需求、运输供给和运输市场中的种种经济规律。而对于地理学家来说，运输的重要性在于它是影响经济与社会活动分布的主要因素之一，所以他们关心运输网空间结构的变化及其与其他地理要素的相互作用关系。运输规划学主要研究运输业发展中运输设施建设的布局、规划原则、规划方法及如何确定具体的运输项目。运输工程学主要解决具体工程的设计、施工问题和工程中如何提高管理水平、提高效率及效益的问题。运输管理学则是运输业经营者关于运输企业的组织形式、结构规模，如何在运输市场上竞争和企业内部如何从事计划、财务、劳资等方面的经营和管理的学科。

运输学（运输工程学及运输管理学）的成熟为运输经济学的产生提供了充分条件，而运输经济学则是衔接运输学与经济学的交叉学科，因此运输经济学内容的丰富程度是与运输学内容的丰富程度相关的。其实运输经济学就是从运输学中分离出来的，而运输学又是一种工程学，那么也可以说运输经济学是一种后工程学。其中前缀"后"除指运输经济学从运输学之中分离出来的那部分内容外，还应包括二者分离后运输工程发展中所出现的新情况。这部分研究的主要内容就是工程技术（运输）与社会（经济）之间的接口问题，也就是运输之中的技术经济问题。其实还不止于此，运输经济学还应包括一部分从经济地理学中分离出来的问题。由于运输经济中的路与车两种问题比较时，路是交通地理系统中的慢变量，它对交通系统特性起着支配性的作用，又属于经济地理研究的范畴，因此人们有时也将运输经济问题划归经济地理，而经济地理问题又属于地理学科，因此运输经济学研究的问题中还有一部分来自经济地理。但这部分经济地理中的运输问题的基础仍是运输学，没有运输中的路就没有经济地理中的运输问题。准确地讲，经济地理问题应为地理经济问题，应属经济学科，所以运输经济学中真正能起分析作用的理论还是运输学和经济学。而运输管理学是一门与运输经济学邻近的学科。这二者的相同之处是都以运输现象为研究对象，研究目的都是使运输系统能有效运作，并使其资源得到充分利用；不同之处在于，运输经济学研究是要抽象出运输生产中的经济规律，运输管理学研究则是将运输生产中的经济规律得以具象。运输经济学在研究中应尽可能抹去不必要的背景以进行抽象操作，得到的研究成果就是抽象的规律，规律属于科学范畴的概念，因此运输经济学是一门科学。而运输管理学则是要尽可能地将抽象规律在其应用的背景进行具象操作，使其回归到背景之中。具象操作术在遵从规律的前提下，更多的是要应用艺术范畴之中的技术。因此，这就是很多人认为与其说管理学是一门科学，还不如说它是一门艺术的深层道理。

在一定程度上，运输经济学为其他运输学科提供必要的经济理论基础。在开展运输地理研究、进行运输规划、从事工程设计和施工，以及经营管理运输企业之前或工作进行之中，应该对问题的本质和来龙去脉有一定的了解和分析，对未来的可能趋势做出预测，并制订出解决问题的方案以进行评价和可行性研究，作为决策的参考依据。运输的规划、设计、施工、运营各项工作中都包含经济问题，都离不开运输经济学的理论和分析方法。因此，运输经济学是其他几个有关运输学科的经济理论基础；同时，运输经济学也必须与其他学科共同发展，只有运输经济学与其他学科互相渗透、紧密结合，才能更好地探索各种运输经济问题的内在规律，比较圆满和有效率地实现运输目标。

第二节　运输经济学的发展

一、学科发展前沿

（一）初创时期

西方的经济学家们很早以前就开始注意运输问题了。1776年，亚当·斯密在《国民财富的性质和原因的研究》（即《国富论》）中论述过运输对城市和地区经济繁荣所起的促进作用、政府在交通设施方面的开支等问题。铁路在欧洲出现以后，有更多学者加入了对运输经济问题的讨论，著文论述运输与经济、文化的关系。19世纪20至30年代，德国经济学家李斯特把交通作为国民生产力的一个因素进行研究；马克思在他的经济学研究中提出了大量的非常宝贵的运输经济思想，《资本论》用大量篇幅论述了铁路和航运对资本主义大工业的作用。1844年，法国经济学家杜比特发表了以费用-效益观点研究运输投资和运价问题的《论公共工程的效用》。这是第一篇提出边际概念的经济学论文，也被后人认为是第一篇运输经济学专论，因此在运输经济学学说史中占有重要地位。1850年，在铁路的发源地英国，伦敦大学教授拉德那出版了他的《铁路经济》一书，这本书的副标题是"论一种运输新技术，它的管理与展望，并通过铁路在英国、欧洲及美洲的运营结果说明它与商业、金融和社会的各种关系"。在这本书里，拉德那讨论了运输进步的历史及其影响，讨论了铁路的各种运营管理和成本、运费、利润等问题，还讨论了铁路与国家的关系。著名经济学家马歇尔后来称赞该书为近代铁路经济科学奠定了基础。1853年，德国的卡尔·克尼斯也出版了他的《铁道经营及其作用》一书。1878年，奥地利的萨克斯出版了《国民经济中的运输工具》。这本书注重采用理论分析的方法，将边际效用学说引入运输经济学。在体系上，该书既讨论了铁道经营及其作用的运输政策论，讨论了国家在运输方面的作用，也讨论了运输业运营活动的经营论。萨克斯对运输经济理论体系的建立作出了杰出贡献。以上几本著作是运输经济学初创时期的主要著作，为运输经济科学奠定了基础。

（二）快速发展时期

从工业国家修筑铁路高潮时期一直到第一次世界大战后，铁路在世界运输业中一直占有统治地位。在这个时期，铁路的投资、铁路的经营管理以及国家对铁路的管理成为运输经济研究的主要对象，各个欧洲国家、美国和加拿大都陆续出版了这些方面的专门著作和大学教材。到了1931年初，汽车运输在欧美国家向铁路提出挑战，其他运输方式也得到迅速发展，这种变化当然要反映到运输经济学中。1940年，美国的约翰逊等人出版了《交通运输：经济原理与实践》，开始全面讨论包括铁路、水运、公路、航空和管道各种运输方式的运输经济问题，以及它们之间的竞争与协作。第二次世界大战以后，各种运输业的发展、变化和经济学在宏观、微观理论方面的进步，吸引了较多经济学家逐渐加入运输经济研究。以至于在西方，人们一般认为从20世纪50年代后期开始，运输经济学才真正加快了自己前进的步伐。这是因为，它的发展一方面要等待与运输有关的社会经济实践积累得比较充分；另一方面要等待基本经济理论、数学方法等基础和工具也足够完善起来。在美国，1946年出版了毕格海姆的《交通运输：原理与问题》，1950年出版了费尔的《运输经济学》，1958年出版了梅耶等人的《运输业中的竞争经济学》，多次再版了劳克林的《运输经济学》。这些著作综合地讨论了各种运输方式的发展、竞争、定价原理、经营、国家对运输业的管理和运输政策等，是这一时期运输经济学的代表性著作。

20世纪60年代以后，西方国家在各种运输规划方面的可行性研究和环境影响研究，吸引了很多工程专家参加工作，这使得运输经济学在投资和成本-效益分析方面取得了较快进展。这一时期，由于世界银行在运输方面的贷款项目，发展中国家遇到的交通运输问题也引起了经济学家的注意，他们注重研究运输与经济发展的关系。70至80年代以后，世界经济在能源、环境等方面的危机中提出了新的运输经济课题，同时西方国家的运输业管理政策也发生了很大变化，对这些问题的探讨逐渐反映在运输经济著作中。西方运输经济学除了综合性著作，如美国桑普森等人的《运输经济实践、理论与政策》，哈帕尔的《美国运输：使用者、运送者和政府》，英国肯尼思·巴顿的《运输经济学》和斯特伯斯的《运输经济学》，还有一些专门性的论著，如航空经济、海运经济、客运、城市交通、运输与能源、运输与土地利用、运输需求分析、各国运输政策分析等，其中城市交通的规划研究发展很快，著作数量较多。

从总体上说，运输经济学是一门正在发展、尚未完全成熟的学科。而且，运输经济学在很长一段时间里似乎与主流经济学格格不入。其原因在于：一方面，运输经济学有很强的行业特点，因此一些运输经济学家在建立学科体系和进行经济分析时似乎更像一群专业的技术专家，而较少使用已经通用的经济学方法和语言。而一般经济学家也较难一下就能够从总体上把握住整个运输经济学的脉络，故而使得学科之间的沟通较为困难；另一方面，过去一般经济学是以新古典理论作为基本框架的，但是这种分析框架需要一系列非常严格的前提假设，如完全竞争、交易成本为零、信息完全对称等，而这些假设在交通运输领域可能不适用，因此，在运输经济学教科书中直接平移过来的新古典理论又确实距离运输市场的现实十分遥远。

（三）近期的著作和教材

在作为运输经济学科发展主流所在地的西方国家，运输经济学著作与教材在最近几十年间发生了很大变化，其突出特点之一是标准经济学方法的使用。例如：1997年，美国密歇根大学的肯尼思·博伊的《运输经济学原理》出版，该书第一次比较清晰地把运输经济分析建立在运输业网络经济特性的基础之上，因此常常被认为是运输经济学开始走向成熟的一个标志。此外，还有其他一些近年来出版的教材，如英国的肯尼思·巴顿于2010年再版的《运输经济学》，英国斯普林于2010年出版的《运输经济学介绍：需求成本定价与采纳》，法国帕尔马和加拿大罗宾·林赛等人于2011年出版的《运输经济学指南》，莱文森等人于2011年出版的《运输经济学》，加拿大普伦蒂斯和美国普罗科普于2016年出版的《运输经济学概念》。

二、学科的国内发展情况

1.学科发展历程

我国从20世纪20年代后期开始引进西方的运输经济学，先后出版了《交通经济学》《铁路管理学》等著作，介绍运价、运输成本、财务会计和运输统计等方面的原理。中华人民共和国成立之初，运输经济理论主要是向苏联学习的，结合中国实际也编著了一系列运输经济学教材和专著。80年代前后又陆续出版了《铁路运输经济》《公路运输经济学》《航运经济》《中国运输布局》《中国交通经济分析》《中国的交通运输问题》

等一批著作，其中一些分别讨论各部门内部的运输经济、管理活动和体制改革，另一些则反映了当时对综合性宏观运输经济问题进行研究的成果。

到了20世纪90年代，运输经济学学科理论体系逐渐显现出来。其中具有代表性的著作有《运输经济学导论》《运输经济——实践、理论和政策》《新视域运输经济学》《西方运输经济学》《运输经济学》等。

2.学科发展中遇到的问题

尽管运输经济学在我国取得了长足发展，仍然有不少学者认为这些年我国在运输经济学理论创新，特别是学科体系改造方面的成果还不能令人满意。突出的表现是运输经济学科时代特征最明显的"载体"——教科书，还存在以下五个明显的问题：

第一，过去的运输经济学几乎纯粹是政治经济学的部门经济学，把它的指导思想概括为仅仅阐述政治经济学所揭示的规律在本部门的体现也不为过。即使有些运输经济学者不赞成这个命题，但在实际上却无力摆脱这一束缚。这种状况必然无法与国际上经济学发展的主流相适应，特别不能与宏观经济学和微观经济学衔接。

第二，过去的运输经济学以集中计划体制为主体结构。如曾被长期借鉴的苏联运输经济学，它们的思路是停滞的，几乎无例外地以计划作为全书主线。当然可以允许在学术上有个运输经济的"计划学派"，但是，这种思想体系的教科书也许只能反映过去时代的传统计划体制，而不能给读者以比较充足的运输经济的科学知识。

第三，过去的运输经济学教材都以一种运输方式为研究对象，或者以一种运输方式为主要研究对象，没有形成综合性的运输经济学体系。各种运输方式是相互联系、相互补充的，抽去了它们的共性，过于强调它们的特性，就不免为运输经济学加重工艺性和技术性色彩，从而出现弱化理论研究和政策研究的倾向。当然，可以有"铁路运输技术经济学""公路运输技术经济学"和"水运技术经济学"等等，但是用"运输经济学"命名的教科书，终究应具有各种运输方式的综合性特征，否则就不可能为读者呈现整体的运输经济科学知识。

第四，过去的运输经济学教科书中，具体的业务知识占有很大分量，导致它的内容与各种具体的经济业务课程重复。在运输经济学科的课程体系中，适当的交叉是不可避免的，但主要内容的重复却是不能容忍的。如果运输经济学与计划、价格、财务、劳动工资、统计等互相重复，运输经济学本身必然产生危机。

第五，近年来的一些运输经济学教科书中，开始逐渐引入西方运输经济学的学科体系，这虽然是对传统运输经济学教科书的改进，但书中引用的案例也多源自西方发达国家的运输经济问题。中国经济的发展，走的是一条西方发达国家未曾经历的新路。因此，中国的运输经济问题，有着与西方发达国家不同的社会背景，需要投入更多的时间和精力方能剖析机理、探寻真谛。

三、运输经济学的发展趋势

1.研究范围扩大，综合性日益加强

运输经济学的研究领域一直在扩大，目前它的研究内容大致可以分为：交通运输的意义，交通运输与经济、文化及社会发展的关系，运输需求分析，运输供给和成本研究，运输价格分析，运输政策方面的研究，运输业发展战略研究，运输投资和项目评估，城市运输问题，交通拥挤和安全问题，运输引起的环境问题及运输与土地利用、能源问题的关系，运输行业管理方式的改革和运输企业的内部管理，等等。研究领域的扩大反映出交通运输与现代社会经济的联系越来越紧密，也反映出运输经济学开始走向成熟。

这方面的变化不但表现在部门运输经济学正日益走向对跨部门的综合性运输问题的研究，还表现在运输以外的人们对运输问题的关心越来越多，运输经济问题不再是运输经济学界能够关起门来自己研究的领域。虽然从亚当·斯密和马克思的时代起，运输界就没能包揽过这一领域，但跨学科研究运输问题的倾向从来没有像现在这样突出。一方面，由于运输问题影响广泛，许多学科的专家纷纷转向这一领域；而另一方面，运输经济具有很强的综合性，单靠运输界的力量又难以达到当前研究所需要的广度和深度。因此，运输经济已经成为诸多学科涉足的领域。20世纪60年代以来，各国成立了各种运输经济研究机构，一些世界著名学府如牛津大学、哈佛大学、麻省理工学院和伯克利加州大学，都有自己的运输经济问题研究所或研究中心，甚至出现了多国性的研究组织，如欧洲经济共同体的运输经济研究中心等。参与运输经济问题研究的学科包括经济学、管理学、地理学、农学、城市规划、建筑工程、环境科学、法律、数学和计算机应用等十几个学科，每年都有很多研究报告、论文和专著出版。在这一点上我国的情况也类似，如1987年以来，中国科学技术协会组织了几百位各方面的专家学者，进行了历时数年的大规模运输发展战略和政策咨询研究。这些都反映出运输经济学与现代经济的密切联系。

2. 过去一向以政策论和经营论为主的发展线索有所改变

萨克斯在《国民经济中的运输工具》一书中初步建立了运输经济学体系，他把运输经济学分成从宏观角度讨论运输业的作用及其与国民经济的关系和从微观角度讨论运输企业的经营活动两大部分。前一部分属于运输经济学的宏观部分，被后人称作政策论；后一部分是运输经济学的微观部分，被称为经营论。从那以后，运输经济理论主要是在这两大部分内容里发展。

有很长一段时间，运输经济学经营论主要侧重对运输企业经营工作的描述，如运费核算、财务和会计制度、统计方法等。随着企业内部管理活动的逐步规范化和经营管理学科的发展，原来在经营论中的运输财务、运输会计、运输统计等内容一个个分离出去，形成了运输经营管理学科的组成部分。而随着西方经济学微观分析理论的完善，运输经济学微观部分开始注意比较抽象的理论探讨，如运输需求与供给分析、运输成本和运价分析的比重增加，这一部分逐渐成为微观经济学的一个应用分支。

在政策论方面，交通运输的意义、交通运输与经济和社会发展的关系，过去一直是运输经济学关心的重要内容。后来，各国政府在不同时期采取的运输政策，对运输业进行管制或鼓励发展，也逐渐成为西方运输经济学研究的重点。在这方面，耶鲁大学约翰·梅耶等人于1958年出版的《运输业的竞争经济学》是一部重要著作。当时美国运输业面临的情况是：公路、航空已继铁路、水运和管道之后得到了很大发展，运输业中五强并存的局面已经形成，但长期实行的运输管制政策却仍旧僵硬地限制着运输业的正常竞争活动，导致运输市场缺乏活力，企业经营效率低下，财务亏损严重。当时许多人没有意识到需要改变运输政策，仍旧主张加强运输管制，增加国家补贴，甚至主张用国有化去解决运输业面临的严重问题。针对这种情况，梅耶等人提出要对运输政策进行根本性调整，以适应运输业的新形势，他们主张政府放宽对运输业已持续百余年的严格控制，代之以鼓励竞争，充分发挥运输市场的作用。近30年来，运输政策研究从过去主要关注管制政策转向放松运输业管制、公共运输业的私有化或民营化，注意更多利用市场机制、利用竞争去解决面临的运输问题。现在，运输政策研究更注重实际应用，强调预见性，以便为所需采取的政策或替代政策提出建议，并能事先预计该政策将会产生的影响。

3. 强调运输需求分析

过去，运输经济学经营论主要是从运输业角度讨论运输问题，政策论则主要考虑一般公众或代表国家的政府行为，一度忽视了作为运输服务对象的旅客和货主。随着发达国家的运输供给趋于成熟，运输市场上旅客和货主所处的地位上升，运输经济学也从过去思考问题时一般站在运输业的角度逐渐摆脱出来，把注意力更多地转向运输需求分析。新的运输经济学微观部分注重分析各种运输需求产生的原因和影响因素、旅客或货主在运输活动中的作用和他们对各种运输工具的选择标准、客货运量以及客货流的预测等。不少西方运输经济学家认为，运输经济学的主要内容应该是需求分析，有的运输经济学著作甚至宣称，该书就是主要从使用者的角度讨论运输经济问题。由于物流业和物流管理对现代经济运行效率的影响越来越重要，发达国家目前十分重视物流问题，货物运输的进一步发展要满足提高整个社会物流效率的需要，因此不少著作也开始把货运与物流管理放在一起讨论。

4.与经济学和地理学等主要学科的关系发生了一定变化

在多学科参与运输经济问题综合研究的同时，运输研究似乎有点脱离了经济学和地理学这两门主要学科理论发展的主流方向，在其学术建设中的地位有所下降；而在起初阶段，运输因素曾是西方经济学和地理学理论发展的重要基础。亚当·斯密和马克思的经济理论中，运输问题都占有重要地位，另一些著名经济学家如李斯特、罗雪尔、皮古和马歇尔等也都有过对运输问题的重要论述，经济学中极其重要的边际理论也是从讨论运输问题起源的。但在后来西方经济学的分析体系中，运输多被置于外生变量的地位，即被当作经济运行已有的背景条件，不属于少数被分析的重要变量之列。显然，今天主流经济学家们关心的重点已经从运输问题上移开了。随着就业需求的改变，过去西方大学经济系中开设的运输经济课程很多已经停办，而在城市规划系、土木工程系或农业经济系中的运输经济课程，现在则更多的是教授工程经济方面的内容。总的趋势是，运输经济研究在推进经济学理论发展方面的影响已经明显下降。

对运输条件和运输费用的考虑，一开始也是传统经济地理学的基础。在杜能的农业区位模型中，其他因素都被看作固定的常数，农民的收益只决定于土地与市场的距离和运输费用。在韦伯的工业区位理论中，他只规定了运输费用、劳动力费用和生产集聚力三个影响区位的因素，其中运费对工业的基本区位起着决定作用，而劳动力费用和集聚的影响，则被他归为对运输决定的工业区位的第一次和第二次"变形"。韦伯甚至把其他一些次要的区位影响因素，也简化为运输费用加以计算。在区域经济研究中，胡佛提出将自然资源优势、集中经济和运输费用作为构成经济活动区位结构和了解区域经济问题的三个基础因素，运输仍占有重要地位。但运输问题目前在国际地理学界已不是热门话题,有不少地理学家转而研究商业地理或通信地理,大学里的运输地理课程也减少了。

5.研究方法日趋多样化

随着各学科之间的相互渗透和交叉,运输经济研究所使用的方法和工具日渐丰富,各种规范的、实证的、定性的、定量的、历史的、逻辑的、区域的以及计算机模拟等方法被更多地采用,特别是计量分析手段的逐步完善,使得运输经济学可以更为有效地处理社会经济中与运输问题有关的大量统计信息,能进行更为深入和联系更为复杂的研究探索。

运输经济学发生的这些变化是由各方面原因促成的。在工业化初期,运输业是支持和推动西方国家经济进入现代增长的最重要部门,运输问题特别是运输供给问题非常突出,运输经济学很自然地在这方面取得了较大进展。随着工业化的逐渐成熟,特别是发达国家从 20 世纪 70 年代开始进入后工业化阶段,实现地区之间客货联系的运输网已基本定型,这方面的问题只是如何加以完善和改进。因此,运输需求、市场机制和运输政策的影响在运输经济学中逐渐突出出来,运输与环境的关系也日益得到人们的关注。经济和地理科学本身也在不断变化,在发达国家,对运输问题从总体上继续进行深入研究,似乎已不是主流经济学家和地理学家十分迫切的任务,这些学者的兴趣中心随着经济结构的变化而转到当前对经济运行产生更大影响的方面。总之,在经济学和地理学这些重要的综合性学科中,由于新问题、新领域不断出现,运输问题研究在推进理论发展中所占的位置也在发生着变化。

第三节　运输经济学的学习

一、学习运输经济学的意义

学习运输经济学具有两方面的意义:一方面为理论意义,有助于不断地拓展其理论的科学逻辑的深度和广度,从而提高人们的理论智力;另一方面为实践意义,有助于提高生活实践、工程实践和政策实践中的主客一致性，以减少实践风险。

1.理论意义

一般认为，学习运输经济学理论具有两种功能：解释功能和预测功能。解释功能就是对运输状态进行定位，从而解释运输经济主体的行为，如运输供给者、运输消费者或政府等的经济行为。预测功能就是预测经济主体未来的行为，为运输决策提供备选方案并对各种可行方案进行效应分析，从而为决策提供依据。无论是解释功能还是预测功能都应该是科学的，即有科学根据。为此，运输经济理论需要明确地建立一些基本经济范畴，需要对经济行为主体规定一些假设条件，对各经济范畴之间的关系建立一些模型等。

2.实践意义

学习运输经济学的实践意义可以体现在个人、企业和政府三个层次上：从个人的角度说，学习运输经济学就是接受一种经济学方面的教育，以便为分析和理解现代运输市场经济运行规律及其中实施的经济政策提供知识基础；从企业的角度来看，市场经济条件下运输企业的经营和管理必须以经济学理论为基础，以便降低成本、提高生产率，更好地满足市场需求；从政府的视角来看，政府管理的运输问题是宏观层次上的社会问题，而对宏观社会问题的把握是很难凭直觉行事的，运用运输经济学中的理论去把握，有助于正确决策、降低风险并加速发展。

二、运输经济学的学习方法

首先，综合运用文字、图表和数学公式进行分析是很重要的。文字是表达学科思想的首选语言工具，而整个西方经济学的理论体系是由一系列的图形贯穿起来的。学习时要特别注意概念和观点表述的规范性和逻辑性，以及图形坐标系的含义，以免出现一字之差或逻辑谬误。

其次，对知识的掌握要系统化。不同理论体系的理论模型、观点、政策主张都是有一定差异的。所以在学习中，要有意识地去联想记忆，看到一个理论体系的因素分析时，要回想一下其他哪个理论体系也在这一领域有分析，异同点在哪里。例如，在论述交通拥挤的时候，从定价理论、运输外部性的控制理论，甚至博弈论的角度都有独特的见解，从而能够看出，理论之间的相关性是很大的，总结的过程也就是理解、系统掌握它的过程。

最后，理论要联系实际，要勤于思考，多问为什么，这一点非常重要。专家和学者已经学习和研究过这些东西，但是这并不意味着他们的研究结果是正确的。因此，对前人的东西，不应该"敬畏地、无条件地接受"，而应该是"尊重地审视、平等地质疑"。

第二章　交通运输综合发展

第一节　交通运输一体化

一、一体化的内涵

《现代汉语词典》（第7版）对"一体化"的解释是："使各自独立运作的个体组成一个紧密衔接、相互配合的整体。"所谓的"体"是指一个整体，强调若干个事物之间加强联系，形成一个系统整体，以达到提高系统效率、促进共同发展的目的。一体化理论是西方国际关系学理论之一，是美国学者多伊奇于1957年提出的。一体化理论的核心是系统功能主义，强调研究共同体的系统交互作用和特殊功能，主张通过跨国渠道，采取共同措施，在特定领域实现全面合作。按照性质，一体化可以分为联邦一体化、功能一体化和新功能一体化；按照范畴，一体化可以分为国家一体化、区域一体化和国际一体化。

二、交通运输一体化的内涵

交通运输行业包括陆路运输服务、水路运输服务、航空运输服务和管道运输服务。交通运输一体化虽然来源于西方发达国家，但在引入我国后，经过许多专家学者的研究和界定，其内涵与西方发达国家已有所不同。从现有的研究来看，我国交通运输一体化所表达的对象不同，有的表达交通运输系统的一体化，有的表达交通运输行为过程的一体化，具体有以下三层含义：

第一，在表达交通运输系统的一体化时，其中一个重点是从管理者的角度，强调把交通运输看作一个系统整体，突破行政区域、运输方式之间的界线，对其所有要素进行统一规划、管理。

从系统资源优化的角度来理解交通一体化，是指对所有的交通资源（交通工具、交通设施、交通信息）进行统一规划、统一管理、统一组织、统一调配，以达到交通运输系统的整体优化，充分利用交通资源以满足所有的交通需求。交通一体化不仅是各种运输方式之间的协调合作，也是客货运输之间、交通管理和规划、交通政策与市场运营、交通需求与供给、交通运输与社会经济发展等方面的统一与协调。

一体化的交通是以统一规划、统一组织、统一调配、统一管理交通系统资源为手段，以满足所有交通需求为目的综合交通系统。交通运输一体化是交通运输业发展到一定阶段的必然产物，对所有的交通资源进行统一调配，以实现交通运输系统的整体优化。

一体化的交通系统是一个复杂的系统。一个完善的一体化交通系统包括各种交通运输方式的一体化、客运系统和货运系统的一体化、交通运输规划与交通运输运营的一体化、交通管理一体化、交通信息一体化、交通控制一体化、交通管理与交通控制的一体化、交通控制与交通诱导的一体化、交通运输系统结构的一体化、交通运输系统资源（需求、供给、信息）的一体化等。它将交通运输的发展从单纯的交通工具和交通设施，扩展到交通规划、设计、建设、组织、运营、管理等过程。

第二，在表达交通运输系统的一体化时，另外一个重点是交通运输系统本身，强调基础设施、信息、市场等要素之间的衔接，为各要素的无缝衔接创造条件。

区域交通一体化主要是指按照区域经济发展总体目标，在全区域内优化配施平衡、运行协调和管理统一三层含义，即以枢纽建设为纲，发挥交通设施的整体效益；以换乘服务为中心，促进各种方式协调运行、合理分工和紧密衔接；充分发挥政府、市场和公众各种作用的组合优势。外部关联是指充分重视交通与城市功能提升的互动作用，交通发展必须与土地使用、社会、经济和环境等紧密联系，以推动城市全面发展。

一体化交通是指各种运输方式在社会化的运输范围内和统一的运输过程中，按其技术经济特点组成进行分工协作、有机结合、连接贯通、布局合理的综合运输体系。

第三，在表达交通运输行为过程的一体化时，主要是强调各运营主体之间相互密切配合，利用衔接良好的交通基础设施和信息系统以及运输工具的标准化，在时间和空间上实现各行为过程密切衔接，达到交通运输的无缝化。

运输一体化通过使用通票和统一单证，协调调度运输方式内部以及运输方式之间的运营活动。通过运输枢纽使汽车运输将铁路、港口之间更好地连接，建立运输过程的无缝连接，可以创造连续可靠的客流、物流和信息流，提高各种运输方式的转换效率和利用率，充分发挥每一种运输方式的潜力，在各种运输方式之间合理分配运输量。

三、交通运输一体化的范畴

交通运输一体化与城乡一体化、区域经济一体化等既有相同点，也有不同点。交通运输一体化包含交通运输系统一体化和交通运输行为过程一体化。其中，交通运输系统一体化与城乡一体化、区域经济一体化等基本相同，是指构成该系统的各部分之间协调发展、密切衔接；而交通运输行为过程一体化是指交通运输过程中各环节之间在时间和空间上的密切衔接，不是客观事物之间的衔接，而是行为过程之间的衔接。

交通运输的最终目的是实现人或物的位移，也就是运输服务，交通运输系统是实现运输服务的前提和基础。交通运输服务的一体化是最终追求的目标，交通运输系统的一体化既是中间目标，也是实现交通运输服务一体化的前提和基础。交通运输服务一体化的实现，是在运营主体（也就是运输企业）的运输组织下，依托交通基础设施和由信息网络等构成的运输网络以及运载工具，使得各运输环节在时间上和空间上衔接密切，形成一个完整、紧凑的链条。由此可见，运输系统只是运输服务的实现过程中的载体，活动行为的主体是运输的组织者，也就是运输企业，核心是运输企业的运营组织。因此，交通运输服务一体化的实现不仅仅需要活动载体交通运输系统的一体化，而且需要活动主体及运营组织活动外部环境的一体化，即交通运输市场的一体化。

根据交通运输系统的构成，交通运输系统一体化又可分为交通基础设施的一体化、交通信息系统的一体化、交通设备工具的标准化。同样，交通运输市场的一体化又可细分为交通运输市场主体的一体化、交通运输市场规则的一体化和交通运输市场监管的一体化。因此，交通运输一体化的范畴构成框架及逻辑关系如图 2-1 所示。

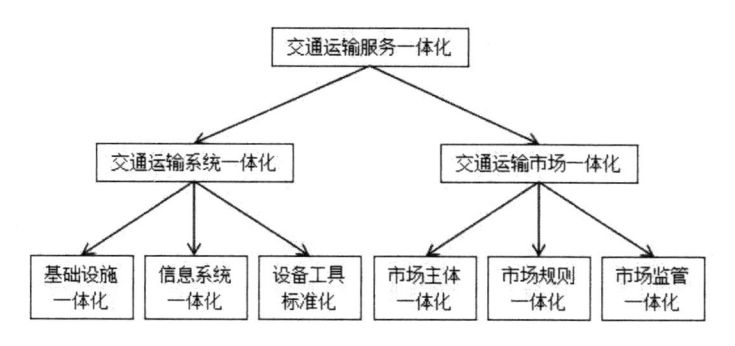

图 2-1 交通运输一体化的范畴构成框架及逻辑关系

在一体化理念方面，交通运输一体化与其他系统的一体化基本相同，主要还是衔接和平等两方面，在具体细节方面略有不同。在交通基础设施网络和信息网络建设方面，一体化就是要强调密切衔接，在建设发展过程中要协调发展，兼顾公平；在运载工具和设备方面，一体化的含义主要是标准化；在市场主体方面，一体化的含义是市场主体的地位平等，能够公平竞争；在市场规则和市场监管方面，一体化是指统一标准。

从我国交通运输一体化的含义可以看出交通运输一体化与综合运输的区别与联系。因为综合运输要求对交通运输系统进行统一规划、管理，充分发挥各运输方式的比较优势，合理配置资源，提高系统效率。综合运输不仅追求各子系统和要素的衔接，为交通运输行为过程的一体化提供基础条件，而且还追求从宏观角度有效利用和合理配置资源，提高系统效率。因此，可以说交通运输一体化是综合运输的重要理念之一，也是重要的组成部分。

四、交通运输一体化提出的原因

交通运输一体化是交通运输发展到一定阶段的必然要求。交通运输一体化是一体化理念在交通运输领域的一个分支和具体实践。我国原来实行各运输方式单独管理的行业管理体制以及省、市等地域性行政管理体制，在我国交通运输业发展初期，这对交通运输整体发展的约束性和阻碍作用较小。但交通运输业达到一定的规模和水平后，体制性的约束和系统分离性缺陷越来越明显，不利于交通运输的整体发展。

从目前交通运输一体化的名称和种类可以看出，主要问题是原有的运输方式单独管理体制和省、市等地域性行政管理体制无法适应现代交通运输的发展。如综合交通运输一体化、城市公共交通一体化等主要是针对不同运输方式相互分离提出的,而区域交通运输一体化、城乡交通运输一体化、城乡客运一体化、城乡道路运输一体化等主要是针对地域隔离提出的。

五、交通运输业研究和建设的重点

近些年来,随着我国交通运输的发展和一体化理念的传播与落实,交通运输一体化成为交通运输业研究和建设的重点之一,我国已经在这些方面都做了很多工作,主要有:研究和建设交通运输枢纽,促进交通基础设施一体化的发展;研究和建设统一的交通运输信息平台,促进交通运输信息一体化的发展;一些区域和省市签订了道路运输一体化发展合作协议,促进道路运输市场一体化的发展;等等。

从研究现状来看,综合交通运输枢纽和信息系统一体化的研究和建设较多,而运输市场体系一体化的研究和建设较少。虽然在现代物流业的推动下,一体化运输服务也有了一定的发展,外部市场环境也有了一定的改善,如一些区域签订道路运输区域合作协议等。但在这方面的研究和建设主要集中在公路运输方面。从总体上看,这方面还是薄弱环节,存在着许多问题,远不能满足实现一体化运输服务的需要。例如,作为市场主体的运输企业,不同的企业性质不同,追求的目标和驱动力也不同,相互之间难以合作或形成联盟,也无法使各运输环节无缝衔接等。没有市场外部软环境的保障,不管交通基础设施和信息系统在一体化方面具有多高的水准,也发挥不了其应有的功能和作用,交通运输服务一体化也难以实现。因此,应对交通运输市场一体化进行系统的研究,提出相应的政策措施,以实现一体化的交通运输服务。

第二节 转变交通运输增长方式的必要性

作为整个社会系统的子系统,交通运输系统的增长方式与交通运输自身发展规律、经济社会的发展和交通运输发展等外部约束条件密切相关。下面从这三个方面详细分析我国交通运输增长方式转变的必要性。

一、交通运输自身发展规律的要求

交通运输增长方式是由交通运输增长的内容和影响交通运输增长的各要素所决定的，而一定的交通运输增长内容以及影响交通运输增长的要素分配、组合和使用方式，总是与一定的交通运输发展阶段相适应并受其制约的。因此，要分析现阶段及以后的交通运输增长方式，必须分析交通运输增长内容的现状。交通运输需求具有多样性和多层次的特点，因此交通运输供给也必须与之相适应，这就要求其增长不仅要包括交通运输总量的增长，而且要包括交通运输结构的优化。

从交通运输基础设施的发展和现状来看，我国交通运输全面紧张、运输能力严重不足的状况已有了较大缓解，交通运输体系不断完善。但我国仍处重要战略机遇期，面临的机遇和挑战都有新的发展变化，这对现代综合交通运输体系的建设提出了更高要求。我国开启全面建设社会主义现代化国家的新征程，经济发展长期向好的基本面不会改变，但仍面临需求收缩、供给冲击、预期转弱三重压力，区域经济布局、国土开发保护格局、人口结构分布、消费需求特征、要素供给模式等发生深刻变化，发展不平衡不充分问题仍然突出。当前和今后一个时期，交通运输总需求仍将处于增长态势，同时，人民群众出行模式和货物流通方式正发生深刻变化，高品质、多样化、个性化的客运需求不断增强，高价值、小批量、时效强的货运需求快速增加。我国综合立体交通布局日趋完善，运输服务从"走得了"向"走得好"加速转变，传统要素驱动边际效益明显减弱，科技创新为交通运输高质量发展带来了广阔空间，绿色安全发展要求更加迫切。交通运输行业进入完善设施网络、精准补齐短板的关键期，促进一体融合、提升服务质效的机遇期，深化改革创新、转变发展方式的攻坚期。必须准确把握交通运输发展阶段变化，以全方位转型推动交通运输高质量发展。

这些新问题和新特点要求交通运输在进一步发展过程中不能完全继续原有的增长方式，必须在原有的基础上转变交通运输增长方式，解决当前以及未来交通运输发展中的问题，适应和满足社会经济发展的需要。

二、经济社会的发展要求

交通运输是为经济发展服务的，同时也是经济发展的重要组成部分，经济社会的发展对交通运输增长方式的转变产生了一些影响，交通运输增长方式应与经济社会发展相适应。

在需求种类和需求层次方面，当前我国仍处于工业化后期，经济的发展需要大量的原材料、能源，同时产出大量的初级产品。我国原材料、能源的生产地和消费地分布不均匀，这就导致原材料、产成品等大宗物资在原材料、生产地、消费地之间大量运输。这些长距离、大宗物资的运输更多是需要铁路、水运以及管道的运输，但是近几年来我国铁路发展相对较慢，不能有效满足这种运输需求，而高速公路发展相对较快，公路运输在一定程度上代替铁路运输满足了一部分运输需求，这是不经济的。交通运输需求与供给结构之间的不匹配，要求转变交通运输增长方式，调整交通运输供给结构，实现资源、能源的有效利用。

在需求质量方面，社会经济的发展和人们生活水平的提高对交通运输的质量提出了更高的要求。交通运输单纯依靠数量扩张的粗放式发展已经不能满足现有要求。随着工业化的发展，未来的交通运输需求不但总量会不断提高，质量要求也会越来越高。因此，必须转变交通运输增长方式，改善交通运输工具，提高交通运输组织方式和服务水平。

三、交通运输发展的外部约束条件要求

交通运输的发展受诸多因素的约束，尤其是土地资源、能源、生态环境等。我国资源总量丰富，但人均资源占有量远低于世界平均水平，资源粗放利用问题依然突出。长期以来，我国交通运输的快速发展，在很大程度上是靠高投入和高资源消耗推动的，发展过程中存在对节约资源、保护生态环境重视不够的问题。因此，交通运输的发展必须修正外延式、粗放式的增长方式，减少交通对空气、环境和生态等的影响，解决土地、能源和资金等的有效利用问题，走内涵式、集约化发展道路，走可持续发展之路。

（一）土地资源占用

交通运输基础设施的建设占用大量的土地资源，如铁路基础设施、公路基础设施、

客货运站场、港航码头、机场等的建设，都需要占用土地。我国土地资源有限，根据第三次全国国土调查可知，我国耕地面积 12 786.19 万公顷，园地 2 017.16 万公顷，林地 28 412.59 万公顷，草地 26 453.01 万公顷，湿地 2 346.93 万公顷，建设用地 4 086.67 万公顷。2019 年底，我国人均耕地面积只有 0.091 公顷，不足世界平均水平的 40%。同时，我国耕地资源空间分布不均衡，总体质量不高，超过一半的耕地靠天收。由于土地资源的有限性，要想满足不断增长的运输需求，单纯依靠加大土地等投入的粗放式增长方式是不可行的，必须转变交通运输增长方式。

（二）能源使用

能源是人类文明和社会经济发展的重要物质基础，是国家可持续发展、国家安全和环境质量的根本保障，是每个国家都必须高度重视的战略资源。交通运输能源消耗量极大，而我国人均能源资源拥有量较低。交通运输的发展需要能源的支撑，有效节约和合理利用非再生能源，既关系交通运输的可持续发展，又关系我国能源安全。不同的交通运输方式在能耗方面具有较大差别，因此转变交通运输增长方式，就要发展低能耗的交通运输方式，提高能源的利用率。

（三）生态环境保护

交通运输基础设施的建设会对区域的水土、植被、动物生存环境及人们的居住、生活环境等带来影响；交通运输过程中产生的废气、噪声等，往往会造成大气污染、水污染、噪声污染等。2009 年国际能源机构（IEA）出版的《运输、能源与二氧化碳：迈向可持续发展》报告表明，全球二氧化碳排放量约有 25% 来自交通运输，美国的大气污染 50% 来自运输工具，日本也占到 20%。《中国移动源环境管理年报（2020）》显示，移动源污染已成为我国大中城市空气污染的重要来源，是造成细颗粒物、光化学烟雾污染的重要原因，移动源污染防治的紧迫性日益凸显。2019 年，全国机动车四项污染物排放总量初步核算为 1 603.8 万吨。其中，一氧化碳、碳氢化合物、氮氧化物、颗粒物排放量分别为 771.6 万吨、189.2 万吨、635.6 万吨、7.4 万吨。汽车是污染物排放总量的主要贡献者，其排放的四项主要污染物占比均超过 90%。

因此，从交通运输发展的外部约束条件看，交通运输是国民经济的重要组成部分，交通运输系统的发展需要消耗大量资源和能源，交通运输可持续发展是我国可持续发展战略的重要环节。资源和能源是有限的，而交通运输需求则是不断增长的，因此交通运输发展到一定阶段，必然会面临交通运输增长与资源、能源不足的矛盾。在当前和今后的较长一段时期内，土地、能源、资金等将制约交通运输的发展，这就要求交通运输发展必须考虑资源、环境的承载力，加快转变增长方式，通过提高交通基础设施的利用率增加供给，减少对土地、能源、资金等的占用和消耗，减少环境污染，保证与自然环境的协调发展。

我国正处于新发展阶段，当前和今后的一段时期内，我国发展仍然处于重要战略机遇期，但面临的机遇和挑战都有新的发展变化。我们要增强机遇意识和风险意识，把握发展规律，发扬斗争精神，抓住机遇，应对挑战，趋利避害，奋勇前进。我国的交通运输也处于新发展阶段，应转变交通运输增长方式，在持续扩大交通基础设施规模的同时，更加注意协调交通运输结构，提高交通运输的运营水平和效率，提高基础设施的利用效率等，以最少的社会成本提供最多、最有效的交通运输服务，适应和满足社会经济的发展。

第三节 我国交通发展的驱动力转变

驱动力，动机的子技能之一，有内在驱动力与外在驱动力之分。在经济社会领域，不同的发展阶段驱动力有所不同。

一、我国交通运输发展驱动力的特征

（一）要素投入驱动占主导

交通基础设施大规模建设必然需要大量土地、资金等要素的投入。《第三次全国国土调查主要数据公报》显示，截至 2019 年 12 月 31 日，我国交通运输用地 955.31 万公顷。与第二次全国土地调查的 794.2 万公顷相比，增长了 161.11 万公顷。《2021 年交通运输行业发展统计公报》显示，2021 年全年完成交通固定资产投资 36 220 亿元，比上年增长 4.1%。

（二）技术改造提升与运输组织管理驱动相对不足

技术改造、新技术的应用对提高运输效率和能力具有重要作用。如我国铁路客运列车经过技术改造，六次大提速，运输速度、能力和效率都有显著提高。良好的运输组织可以有效保证运输的快速、准时，更重要的是可以提高载运工具的利用率，有效减少客货方向上不均衡带来的影响。目前我国运输组织管理水平不高，尤其是公路货运，组织方式总体比较粗放，空驶率居高不下。由此可看出，我国交通运输的技术改造提升与运输组织管理驱动相对不足。

二、我国交通运输发展驱动力转变的必要性

交通运输未来发展面临的土地、资金以及社会发展等外部形势和自身发展阶段、任务均要求转变驱动力。

交通基础设施占用土地较多，大规模建设受土地约束越来越强。《全国国土规划纲要（2016—2030 年）》提出，严守耕地保护红线，严格控制非农业建设占用耕地。此外，还提出要完善综合交通运输体系，适应多中心网络型国土空间开发格局建设需要，加快建设国际国内综合运输大通道，加强综合交通基础设施网络建设，构建由铁路、公路、水路、民航和管道共同组成的配套衔接、内通外联、覆盖广泛、绿色智能、安全高效的综合交通运输体系。因此，由于土地资源的有限性，要想满足不断增长的运输需求，单纯依靠土地等投入驱动的粗放式发展方式不可持续。

当前，全球正处于新一轮科技革命和产业变革的新时期，科技发展日新月异，智能、绿色、可持续发展逐渐成为科技发展的主流。随着大数据、人工智能、移动互联网以及新一代信息技术的普及运用，交通运输方式正发生着深刻的变化。实现交通运输从大到强的历史性转变，关键要靠创新，要把创新摆在全局发展的核心位置，以创新支撑和引领交通强国建设。从以上内容可以看出，科技创新是未来我国交通运输发展的主要驱动力。

三、我国交通运输发展驱动力转变的主要任务

我国交通运输发展驱动力转变的主要任务包括以下几个方面：

（一）重视基础设施和载运技术的研发与应用

1.重视交通基础设施耐久性技术，延长使用寿命

延长交通基础设施的使用寿命有利于减少土地资源、资金的投入。我国公路路面使用寿命普遍偏短。按照现行标准，我国高速公路沥青路面的设计寿命为15年，而发达国家普遍在20年以上。而且，调查表明，60%的高速公路在使用10—12年、17%的高速公路在使用6—8年后需要进行大中修。每年约有1万公里的高速公路、20万公里的普通公路需要进行大中修改造，这造成了严重的资源浪费。另外，桥梁、铁路线路等基础设施同样也存在寿命周期过短等问题。这些都迫切需要通过科技创新来解决，以提高基础设施的耐久性，提高基础设施的养护效率和加固水平。

2.加强重载和装卸等技术改进，调整运力结构，提高载运能力

重载技术、港口装卸效率、运力状况等都对运输能力有很大影响。例如，改革开放以来，素有"中国重载第一路"之称的大秦铁路的年运量从最初的5 000万吨，跃升到了4.5亿吨。党的十八大以来，大秦铁路继续站在世界重载铁路研发应用的前沿，依靠科技创新和管理创新双轮驱动，积极投身到我国重载技术创新和储备中，不断抢占重载技术的制高点。2014年4月2日，大秦铁路成功进行了3万吨重载试验，创下了我国重载牵引的新纪录，使我国成为世界上仅有的几个掌握3万吨铁路重载技术的国家之一。

（二）加强信息技术的应用和系统整合

1.提高运输企业的信息化水平

运输企业信息化既有利于提高自身管理、运输组织水平，也有利于提高运输效率，更是整个交通运输行业建立信息共享平台的基础。我国铁路、民航、沿海水路运输企业的信息化水平相对较好，但公路运输企业普遍偏低，无法适应现代化管理的要求，严重影响企业自身运输组织能力，也阻碍了不同运输方式、不同运输企业之间的信息共享与交流，不利于联程联运的实现，进而影响整体运输效率。因此，应提高各类运输企业，

尤其是公路运输企业的信息化水平，为提高运输管理组织水平、建立公共信息平台提供基础。

2.加快推进公用信息平台的建设完善

建立互连互通的立体交通通信网络，建立综合运输信息采集和共享机制，整合完善统一的地理信息系统平台、全球定位系统管理与服务平台、视频监控管理平台等基础支撑平台，形成统一的交通信息资源体系。切实加强信息资源的开发利用，加快交通基础设施建设管理系统和运输组织管理系统的建设，促进各运输方式信息系统对接和资源共享，整合公众信息服务系统，建立一个面向所有公众的交通信息服务中心。通过统一的交通服务信息发布平台，大力发展货运物流服务信息网，促进货运市场电子化，加强运输企业之间信息的联通共享，减少票证及单据的流通障碍，为公众出行和货物运输提供全面覆盖、及时可靠的信息，提高交通运输管理的效能和服务水平。

（三）加快推进智能交通系统建设

积极采用先进的现代信息技术、通信技术，加快智能交通系统的开发和研究，提高交通运输运营水平和管理水平。智能交通系统可充分发挥现有交通基础设施的潜力，提高运输效率，提高整个路网的运输效率和通行能力。实践证明，智能交通系统有利于改善交通状况，如出行诱导系统、信号控制系统等都可以提高城市道路的通行能力；不停车收费系统可以提高高速公路的通行能力，这些技术系统都需要进一步完善、推广。

（四）提高运输组织管理水平

科学合理的运输组织方式能够提高运输效率、减少交通流量、提高运输能力，同时还可以降低成本。

从宏观层面来看，运输组织管理包括实现不同运输方式、不同运输企业之间的分工与配合。加强各种运输方式之间的有效衔接，实现一体化运输服务是提高运输效率的有效手段。宏观层面的运输组织管理最终由不同运输企业的运营实现，这需要做以下几方面的工作：首先，需要充分利用现代科学技术，完善综合运输体系规划，加强交通建设和运输服务的标准建设，强化信息资源、运输资源的整合共享；其次，需要研究应用以现代物流技术、集装箱多式联运技术和运输信息标准化技术等为标志的一体化运输管理技术，实现不同运输方式之间运输设施和装备的有效衔接、信息交换和处理的高效协同；最后，构建规范的一体化运输市场，鼓励跨行业整合运输资源和拓展业务，以及跨行业、跨区域的运输企业之间开展多种形式的合作,实现规模化、集约化和网络化经营。其中,重点推进集装箱多式联运、甩挂运输等运输组织方式,完善促进全面发展的政策法规和标准规范体系。

从微观层面来看,运输组织管理是指在单个运输企业层面上,利用计算机或人员优化运输工具的配载和运输服务路线,其最直观的表现是车辆利用率的提高,在单位时间内以最少的交通量运输更多的旅客和货物。通过优化运输网络布局,实行循环配送替代并行交通,可比传统的单线路配送速度快、效率高。例如,采用甩挂运输方式,将提高车辆有效行驶里程,节省运输成本和交通流量。与发达国家相比,我国大中型汽车运输企业的计算机应用深度和广度还远远不够,应建立和完善交通信息系统,掌握客货流向流量变化规律,加强货运组织和运力调控能力,提高货运车辆实载率,特别要有效利用回程运力,降低空驶率。

(五)加大科技投入,重视人才培养和从业人员素质的提高

加大在交通运输方面的科技投入,重视人才培养和从业人员素质的提高是实现发展驱动力转变的保障措施。要切实加大交通运输科技投入,逐年提高科研资金投入。在引进、消化和吸收国外先进技术的同时,根据我国国情,研究开发我国适用的交通运输应用技术,进一步提升我国自主研发能力。依托重点工程和重大科研项目,支持科研骨干潜心开展基础研究、进行科技攻关。注重优秀青年科技人才队伍建设,以培养优秀青年科技骨干为目标,支持优秀青年参与学术交流、考察培训和国际合作。交通运输行业人员的技能素质是决定生产效率的重要因素。因此,要提高管理者素质,提高从业人员的操作技能,鼓励在生产建设一线开展科技创新实践和技能交流活动。

第四节 交通运输资源优化配置

交通是现代社会的动脉,交通资源配置是否合理对经济社会发展和人们的生活有着重要影响。当前,从运输对象结构、运输量和运输网这三个交通运输中的重要衡量指标

来看，我国经济社会发展对交通的需求正处于不断变化之中，交通资源配置也必须随着交通需求的变化不断调整。

一、交通运输资源的范畴

根据经济学中资源的定义进行类推，交通运输资源是指实现交通运输服务所投入的所有人力资源、物力资源和财力资源的总和。

交通运输服务是以交通基础设施为支撑，通过运营活动来实现的，因此其资源的投入可以分为两部分：交通基础设施建设过程中投入的资源和交通运输服务运营活动过程中投入的资源。

交通基础设施（公路、铁路、机场、港口码头、航道以及各枢纽场站等辅助设施）过程中投入的资源是交通基础设施建设、维护过程中投入的各种资源（人力、资金、土地等资源）所形成的物质形态，因此交通基础设施的规模数量可以表明该领域投入资源的数量，其布局也表明该部分资源的分布情况。

交通运输服务运营活动过程中投入的资源主要指购买交通运输工具（汽车、火车、飞机、轮船等）、设备和运营活动中所投入的资金、人力以及运输过程中消耗的能源等。

二、交通运输资源的投入主体

交通运输资源的投入有政府和社会企业两大主体，交通运输构成要素的不同经济属性决定了其资源投入的主体不同。

交通基础设施从其经济属性上来说，是公共品或准公共品，其资源投入应该由政府来主导。交通基础设施大体上又分为两类：一类是具有可经营性和盈利性的交通基础设施，一般是重要干线运输通道，如高速公路、铁路客运专线、铁路煤运专线、枢纽机场、枢纽港口等。由于这些交通基础设施的可经营性和盈利性，可以通过一定手段，吸引社会企业投资进行建设、运营。另一类是处于运输线路的末端或偏远地区的交通基础设施，不具有经营性或盈利性，主要由政府来进行投资建设，或通过一定机制吸引社会企业进行部分投资。另外，不管哪类交通基础设施，投入的资源中，土地资源均由政府进行统一投入。

交通运输服务从经济属性来说是私人产品，其资源主要由社会企业投入。但有一些交通运输服务由于客源少或定价问题，本身不具有营利性，社会企业由于其追求利润的本性，不乐意投入资源进行相关服务的运营，需要政府通过各种形式进行一定的投入，并引导企业投入资源进行这些交通运输服务的运营。

三、交通运输资源配置的含义

交通运输资源配置有两层含义：一是指交通运输系统如何从整个社会系统中获得人力、物力、财力等社会资源的投入，进而形成交通运输服务，以满足人们生活和社会生产发展需要；二是指如何有效地将全社会对交通运输系统投入的人力、物力、财力等资源在各种不同运输方式、空间上分配，使这些资源能够发挥最大的效益。

四、交通运输资源优化配置的目的和目标

交通运输资源优化配置的目的是追求公平与效率。从交通运输资源配置的第一层含义来看，其目标是从整个社会系统中获取必要的资源进行交通运输系统建设，这些资源在有效利用的前提下，能够极大满足社会生产和人民生活对交通运输的需求。从交通运输资源配置的第二层含义来看，其目标是在交通运输系统内部，在资源分配过程中实现公平与效率的统一，发挥该部分资源的最大效益。其中，公平是让不同地区或不同层次的人们享有同样或类似的基本出行服务，效率是使交通运输资源得到充分、高效的利用。

在交通运输系统内部，对不同要素所投入的资源因追求目标的不同可分为两类：投入在干线运输通道上的交通基础设施（如高速公路、客运专线、枢纽机场、枢纽港口等）和大部分运输服务（如公路干线运输等）的资源，追求的目标是利用的高效率；投入在支线或偏远地区的交通基础设施（如农村公路、支线机场等）和部分旅客运输服务（如农村客运、支线航空等）的资源，主要是为了体现公平，对于这些资源本身，也要尽可能地提高其利用效率。

在资源有限的条件下，交通资源优化配置的目标往往难以实现公平和效率的统一。交通运输资源配置到干线运输通道上，其利用效率肯定比配置到支线和偏远地区高，但这样有失公平；交通运输资源配置到支线和偏远地区，在一定程度上体现了公平，但其

利用率又很低。因此，在交通运输系统内部，资源优化配置要尽量实现效率和公平的统一，实现资源的最大效益。

五、交通运输资源优化配置的机制

交通运输资源优化配置有政府和市场两种机制。市场机制是通过市场竞争配置资源的方式，即资源在市场上通过自由竞争与自由交换来实现配置的机制。对于以效率为目标的交通运输资源，市场是优化配置的最好机制。在交通运输资源配置过程中，由于交通运输业存在自然垄断和较强的外部效应，交通运输产品具有准公共产品属性，市场配置交通运输资源存在着"市场失灵"，需要政府对交通运输业进行必要和有效的干预。同时，政府在配置交通运输资源的过程中也会出现"市场失灵"的现象。这就要求在交通运输资源优化配置过程中发挥政府干预和市场调节的优势互补作用，防止"政府失灵"并克服"市场失灵"，从而真正实现交通运输资源的优化配置。

交通基础设施属于公共品或准公共品，同时由于其自然垄断性，决定了该资源的投入主体、供给主体是政府，更决定了在宏观层面上的优化配置也必须依靠政府。规划是政府在该方面资源优化配置的重要调控手段和方法，只有在规划范围内的交通基础设施才允许建设。

对于可经营的交通基础设施，在建设和运营时，应充分利用其可经营性和盈利性，增加外部资源的投入，吸引社会资本尤其是民营资本。在体现公平的交通基础设施方面，如农村公路、支线机场等，虽由政府为主导进行投资，但在建设、运营上可进行市场化运作，如这些设施的建设采用建设-移交模式。

交通运输服务的资源投入主要依靠社会企业，资源的优化配置主要依靠市场，但政府需要进行一定的引导。

交通运输企业的运营服务活动对基础设施的利用率有很大影响，运输服务活动合理，交通基础设施的资源配置才会合理。

在城市公共交通和农村客运这些公益性的交通运输服务运营方面，需要有政府的投入。具体形式包括：政府购买运营企业的服务提供给出行者；通过税收减免或直接补贴的形式给予运营企业一定补贴；直接补贴出行者，让其购买相应服务等。

六、我国交通运输资源优化配置构想

第一，在配置机制方面，充分发挥市场和政府两个主体在交通运输资源配置中的作用，构建职责明确、依法行政的政府治理体系，建设高标准市场体系。在提高资源利用率、避免资源闲置浪费的同时，从整个社会系统中获取更多资源，进行交通运输系统建设，以满足社会生产和人民生活对交通运输的需求。

第二，资源只有投入到最紧缺的领域和最薄弱的环节，其发挥的效益才能最大。从资源利用效益最大化的角度分析，应该首先建设铁路（客运专线和能源等大宗物资运输线路）和城市轨道交通，同时加大对交通运输枢纽的建设和改善，促进交通运输系统整体协调发展。

第三，我国广大农村和偏远地区的人们人均交通资源和享有的基本交通运输服务水平与城市比仍有较大差距。因此，应加强广大农村和偏远地区的交通基础设施建设。

第五节　交通运输发展和改革的理论创新

改革开放是我国经济社会持续快速发展的根本动力。40多年来，伴随我国改革开放的历史进程，特别是社会主义市场经济体制改革的深入推进，我国交通运输行业走出了一条中国特色的综合化、市场化和现代化的发展道路。

一、放权让利，放宽搞活

1978—1991年，交通运输业的改革主要是放权让利，放宽搞活，极大地解放了交通运输部门的生产力。

1978年，党的十一届三中全会重新确立了"解放思想，实事求是"的思想路线，把工作重心转移到经济建设上来，提出了改革开放的战略决策，开始了建设中国特色社会主义的新探索。这一时期，我国经济体制改革领域的总体指导思想主要包括："权力下放"，精简各级经济行政机构，使地方和企业有更多的经营管理自主权；在公有制基础上实施有计划的商品经济，计划的重点转到中期和长期计划上。具体到交通运输行业改革，其指导思想以"放权让利、放宽搞活"为主要特点，重点集中在"所有权与经营权的适度分离"，具体体现在以下两个方面：

1. 转变政府职能，改革交通管理体制，全面推行承包经营责任制

中华人民共和国铁道部先后于1979年和1986年实施经济责任制试点和经济承包责任制，将计划、财务、劳资、物资、人事等方面的权力下放，强化激励约束。1985年，邮政行业成立中国速递服务公司。1987年，公路水路行业启动和推进国有运输企业经营机制改革，全面推行企业承包经营责任制。1988年，港口改为"双重领导，以地方为主"的管理体制。此外，中华人民共和国交通部建立健全了五级交通行政管理机构，交通行政主管部门开始从对企业的直接管理向行业管理转变。

2. 引入市场机制，放宽搞活运输市场，初步形成运输市场的竞争机制

20世纪80年代初，中华人民共和国交通部提出"有河大家行船、有路大家走车"的方针，以及"各部门、各地区、各行业一起干；国营、集体、个体一起上"的措施，社会资本进入道路和水路运输领域。港口率先对外开放，海运业最早实现"走出去"。1980年，民用航空正式脱离军队建制，中国民航局从隶属于空军改为国务院直属，实行企业化管理，民航走上了企业化发展道路，航空运输市场开始形成。此外，在建设和运营市场放开的同时，交通基础设施建设投融资政策实现重大突破，逐步形成了"国家投资、地方筹资、社会融资、引进外资"的多元化交通投融资格局。

二、价格松绑，政企分开

1992—2002年，交通运输业的改革主要是价格松绑，政企分开，初步建立竞争性的市场体系。

1992年年初，党的十四大提出了建立社会主义市场经济体制的改革目标。次年，党的十四届三中全会提出建立市场经济制度的总体规划和若干方面的改革方案设计，标志着改革开放进入一个"整体改革和重点突破相结合"的进行市场制度建设的新阶段。这

一时期，我国经济体制改革领域的总体指导思想主要包括：要使市场在国家宏观调控下对资源配置起基础性作用，建立健全以间接调控为主的宏观经济管理体系，加速要素价格市场化；进一步转换国有企业经营机制，建立产权清晰、权责明确、政企分开、管理科学的现代企业制度；建立以公有制为主体、多种所有制经济共同发展的基本经济制度。具体到交通运输行业改革，其指导思想以"价格松绑、政企分开"为特点，重点集中在"转换国有企业经营机制"，体现在以下两个方面：

1. 放开部分运价，增强市场调节功能，建立和完善市场经济运行机制

1992年，中华人民共和国交通部规定：市场调节运输物资的港口装卸费，季节性旅客运输和旅游运输，实行国家或地方规定的浮动价格；市场调节运输物资的运费，实行市场调节价格，国家规定的运输基本价格，随国家物价指数和汇率的变化每年相应调整，增强了交通运输价格的市场调节功能。

2. 实施政企分开，转换企业经营机制，促进所有权和经营结构合理化

1993—2000年，中华人民共和国铁道部先后开展铁路局公司制改造试点、铁路分局公司制改造试点、全路推行资产经营责任制、局部试点模拟"网运分离"等改革措施；1998年，中华人民共和国交通部与直属企业全面脱钩，2000年，研究提出从战略上调整交通行业国有企业布局，实现"有进有退、抓大放小"；2002年，中国民航总局不再代理各大集团国有资产所有者职能，政企彻底分开。同时，奥凯航空、春秋航空、吉祥航空等一大批民营航空开始筹建，并以各具特色的方式进入市场，成为我国民航业一股全新的生力军。

三、减少壁垒，统筹协调

2003—2012年，交通运输业改革主要是减少壁垒，统筹协调，加快构建综合交通运输体系。

2003年，党的十六届三中全会提出了完善社会主义市场经济体制的主要任务，明确了公有制可以有多种有效实现形式，强调从单纯的经济发展转向以人为本、全面、均衡的科学发展观，同时大力推进政府行政管理改革，标志着改革开放进入完善社会主义市场经济体制的阶段。这一时期，我国经济体制改革领域的总体指导思想主要包括：坚持以人为本，树立全面、协调、可持续的发展观，促进经济社会和人的全面发展；混合所

有制特别是股份制也是公有制，放宽垄断行业市场准入，加快要素价格市场化，发展现代流通方式；允许农民以多种形式流转土地承包经营权，使农村现代化在市场经济条件下更好地发展。具体到交通运输行业改革，其指导思想以"减少壁垒、统筹协调"为特点，体现在以下两个方面：

1. 坚持科学发展，以人为本统筹兼顾，促进全面、协调、可持续发展

2003年，中华人民共和国交通部提出"修好农村路，服务城镇化，让农民兄弟走上油路和水泥路"的发展目标，把发展农村公路交通、服务社会主义新农村建设作为交通工作的重中之重，开展了新中国成立以来最大规模的农村公路建设；交通行业发展由主要依靠基础设施投资建设拉动向建设、养护、管理和运输服务协调拉动转变，由主要依靠增加物质资源消耗向科技进步、行业创新、从业人员素质提高和资源节约环境友好转变，由主要依靠单一运输方式的发展向综合运输体系发展转变。2008年组建中华人民共和国交通运输部，交通运输大部门体制改革迈出实质性步伐。

2. 放宽市场准入，深化垄断行业改革，增强多种所有制经济发展活力

2003年，中华人民共和国铁道部实施"主辅分离"，铁路工业、建筑、工程、物资、通信等五大集团公司与中华人民共和国铁道部完全脱钩，医院、学校纳入社会服务体系；2004年，中华人民共和国铁道部着手对内部优质资产进行股份制改造，准备上市；2005年，中华人民共和国铁道部宣布，建设、运输、装备制造、多元化经营四大领域向社会资本开放。2006年，邮政政企分开，邮政向信息流、资金流和物流"三流合一"的现代邮政业方向发展。

四、简政放权，提质增效

2013—2018年，交通运输业改革主要是简政放权，提质增效，迈向高质量发展的交通强国。

2013年，党的十八届三中全会通过了《中共中央关于全面深化改革若干重大问题的决定》，明确了全面深化改革的五大体制改革要点，改革进入攻坚期和深水区。2018年，党的十九届三中全会通过了《中共中央关于深化党和国家机构改革的决定》和《深化党和国家机构改革方案》，作出了着眼实现全面深化改革总目标的重大制度安排。这一时期，我国经济体制改革领域的总体指导思想主要包括：处理好政府和市场的关系，

使市场在资源配置中起决定性作用和更好地发挥政府作用；坚持和完善基本经济制度，加快完善现代市场体系、宏观调控体系、开放型经济体系，加快转变经济发展方式，加快建设创新型国家，推动经济更有效率、更加公平、更可持续发展；围绕推动高质量发展，建设现代化经济体系，调整优化政府机构职能，合理配置宏观管理部门职能，深入推进简政放权。具体到交通运输行业改革，其指导思想以"简政放权，提质增效"为特点，体现在以下两个方面：

1.大幅简政放权，加强事中事后监管，推进交通行业治理能力现代化

2013 年，铁路实现政企分开，交通运输大部门体制改革基本落实到位，形成了由交通运输部管理国家铁路局、中国民用航空局、国家邮政局的大部门管理体制架构；自 2013 年至 2017 年 9 月，交通运输部先后分 9 批取消和下放了 38 项行政审批事项，占总审批事项的 55%，同时将取消和下放行政审批项目与加强事中事后监管的措施同步推进，及时完善和创新交通运输事中事后监管机制，加强法治政府建设；交通行业积极推行市场准入负面清单制度，鼓励和引导社会资本参与交通运输投资运营，大力推广社会资本与政府合作模式（PPP）。

2.聚焦提质增效，供给侧结构性改革，提升交通行业强国战略支撑力

2013 年，国铁系统实施以"全面改善铁路货运服务"为目的，以"改革受理方式、改革运输组织、清理规范收费、提供全程服务"为主要内容的货运组织改革；2016 年，国家发展改革委和交通部提出，将全面提升综合交通网络整体效率和服务水平作为交通建设和发展的重点，加快推进交通供给侧结构性改革，积极开拓新领域，培育发展新动能，扩大消费新需求，在完善交通基础设施网络的同时，围绕综合枢纽衔接、城际交通建设、推广联程联运、发展智能交通、提升快递服务、支撑服务消费、绿色安全发展等 7 个方面，实施 28 类重大工程，推动交通提质增效，提升供给服务能力。

综上所述，交通运输行业的改革历程，是一个交通运输市场主体产权不断充分界定和有效保护的过程，是一个市场机制作用不断增强的过程，是一个行业管理体制不断综合化法治化现代化的过程，这与中国特色的社会主义市场经济体制改革的思想、理论演进和实践过程紧密相关、一脉相承。党的十九大报告提出建设交通强国，开启了新时代交通运输发展的新征程。

第三章 交通运输行业综合运行分析系统

第一节 交通运输行业综合运行分析概述

一、交通运输行业综合运行分析概念

所谓分析，就是把对象的整体分解为各个部分加以考察的方法，是把整体分解为各个属性、部分、阶段、方面，以便分别加以研究的思维方法。分析是研究整体和过程的基础。整体是由各个部分构成的，客观事物在一定条件下分解为各个部分，事物的各种属性、关系等从不同方面表现了事物的整体性。

综合就是将已有的关于研究对象各个部分、方面、因素和层次的认识连接起来，形成对研究对象的整体认识。综合是在分析这一前提下进行的。分析与综合的关系如图 3-1 所示。

图 3-1 分析与综合的关系

综合分析，就是综合运用分析方法和统计指标，对取得的数字资料和具体情况进行定量和定性研究的分析过程。只有对事物各要素的本质加以综合，才能正确认识客观对象，也只有对事物各要素的本质加以系统综合，才能提出解决问题的有效方法。

交通运输行业综合运行分析，是根据交通运输行业特点，结合其业务组织与管理方式，将具有一定联系的指标按照一定的结合度予以组织。交通运输行业综合运行分析也是进一步挖掘数据资源，通过对铁路、公路、水路、民航等交通运输业务要素的状态、因素、联系、构成、趋势、决策等特性的分析，完成业务管理信息由定性到定量的转变，为行业管理和领导决策提供全方位的数据支撑。应用交通运输行业综合运行分析系统，有利于强化管理部门对交通运输行业资源管理和配置的能力，有利于规范交通运输行业相关企业经营活动，有利于提高行业综合服务水平。

二、交通运输行业综合运行分析步骤和内容

交通运输行业综合运行分析主要以统计分析为手段，通过对现有数据资源的抽取与重新组合，按照一定的分析模型形成不同类型的分析主题，以报表、图形等方式体现某项或某几项相互关联的业务的管理与运行状态及发展趋势，为行业规划、领导决策和业务管理提供支撑。

（一）分析步骤

交通运输行业综合运行分析以统计分析为主，运用统计方法及与分析对象有关的知识，采取定量与定性相结合的方式对行业相关业务数据进行综合分析。综合运行分析可以分为5个步骤：描述要分析数据的性质；研究基础群体的数据关系；创建一个模型，总结数据与基础群体的联系；证明（或否定）该模型的有效性；采用预测分析来预测将来的趋势。

（二）分析内容

1.查询分析

查询分析，是从数据资源库中检索数据的主要方法。查询分析可以通过选择查询、参数查询、交叉查询和操作查询等方式筛选用户所关心的数据资源，并通过对查询结果

的分类、汇总等操作将最终查询结果展示给用户。

2. 趋势分析

趋势分析，是通过对历史数据的分析，预测某业务在未来一定时期内的发展趋势的方法。通过设定某个时间区段，取出数据资源库中有一定联系的业务数据，根据这些数据做趋势图。趋势分析主要以时间为维度，对某项指标的变化趋势进行分析。

3. 构成分析

构成分析，是对具有一定组织形式的各组成部分的关系及其比例所作的分析。构成分析结果可以直观展示各组成部分在整体所占份额。构成分析主要体现为针对某项指标的占比分析。

4. 差异分析

差异分析，是对分析对象之间的差异或某一整体各部分之间差异进行分析的方法。差异分析可反映分析现象分布或发展的均衡性、稳定性和节奏性，可说明平均指标代表性的大小，可以用来评价两个总体或两个个体之间的差距程度，以说明工作的好坏。差异分析一般体现为对某项指标的排名分析等。

5. 比较分析

比较分析，也称对比分析，是把客观事物加以比较，以认识事物的本质和规律并作出正确的评价。比较分析通常是把两个相互联系的指标数据进行比较，从数量上展示和说明研究对象规模的大小、水平的高低、速度的快慢，以及各种关系是否协调。在比较分析中，选择合适的比较标准是十分重要的。

三、交通运输行业综合运行分析模型

交通运输行业综合运行分析模型主要有业务查询模型、报表模型、多维分析模型等。

（一）业务查询模型

业务查询模型是从综合业务数据统计分析报表追溯、查询基础业务数据，并通过设置条件对基础业务数据进行过滤和筛选，从而获取客户所需要的业务细节信息，提高管理的精确性。

此模型主要用于支撑业务数据的查询功能，按照各固定查询模型对数据进行重新组合，形成相关的支撑视图模型，此视图可为上层用户的查询提供高效、准确的支撑。

（二）报表模型

报表也是一种基本的数据分析展现工具，侧重于从历史和多数据源中统计、归纳出有价值的业务信息。表单的交互性和实时性相对较差，但其数据表达的综合性，数据展现布局的灵活性、多样性，以及应用的广泛性在所有分析模型中却是最高的。

固定表单只是用户获取数据的一种方式，主要适用于固定的数据分析模式。但是在很多场合下，用户对数据分析的方式不能预先确定，需要借助一种灵活、快速获取数据的手段。如果以常规方式，先提出固定表单需求，进行表单定制开发，需要一定的开发周期，难以满足瞬息万变的市场需求。所以，系统既提供固定报表满足相对稳定的数据分析需求，同时通过丰富的动态分析功能满足用户的即时数据分析需求。

（三）多维分析模型

多维分析模型通过动态分析，可以快速地获取到固定报表所不能提供的数据，完成特定主题的分析任务。多维分析模型借助界面给用户提供丰富的操作选项，用户可以对某决策分析主题设定分析的角度及相关统计指标，也可以自主设定分析报表。

第二节　交通运输行业综合运行分析系统基本结构和总体技术架构

近年来，交通运输行业通过信息资源整合工程建设，将分散于各业务部门的数据资源进行有效整合，形成了交通运输行业数据中心。通过对已有信息资源的整合与挖掘，将业务内部或具有关联性的多个业务信息进行综合，对于有效提升跨部门、跨业务系统管理有着重要的意义。交通运输行业综合运行分析系统的建立应满足两方面的需求，即支持政府决策、服务交通企业。

依托交通运输数据中心,通过联机分析处理设计与分析子系统,实现交通运输行业综合运行分析模型的构建,通过数据查询与展现子系统并结合各类交通业务分析模型,实现各类交通运输业务信息的查询、统计、分析。

一、交通运输行业综合运行分析系统基本结构

(一)数据资源层

数据资源层处于交通运输信息数据资源中心,通过对交通运输信息资源进行科学的分类组织,参照国家、行业已有的建设规范和数据交换标准,在已有业务系统等信息资源基础上,整合建立交通运输信息资源整合库,内容包含省(自治区、直辖市)交通基础信息库、省(自治区、直辖市)交通运输业务信息库及在此基础上根据主题分析需要的主题信息库。基础数据库包含基础空间信息、路网、人员、车辆、场站等交通运输基础信息,业务数据库涵盖养护、路政管理、高速公路收费、运政管理、桥梁管理等业务信息资源。通过一系列的数据抽取与转换工作,根据综合运行分析主题配置,形成涵盖综合查询和应用分析需要的主题数据库。

(二)分析建模层

分析建模层位于交通运输信息资源库之上,数据查询与分析平台之下。分析建模层的主要作用是按照数据查询与分析平台要求对交通运输信息资源库中的数据进行重新组合,从而更符合最终用户的查询、统计与分析要求。

业务分析与建模:根据已获取的报表样式,结合交通运输信息资源整合平台的基础数据库、业务数据库,以及通过数据交换形成的主题数据库,从交通运输行业的不同方面设计各类业务分析模型。

(三)分析支撑与展现层

数据的分析、查询与展现是在业务模型设计完毕之后,根据模型所提供的分析维度与统计指标,结合用户的需求实时、灵活地进行各种组合,将组合后的结果用图或表的形式展现给用户,以进行相关的业务数据分析、统计与查询。

根据综合运行分析模型设置,结合实际应用,完成分析主题的配置,利用常用报表

查询、主题分析、多维分析等手段，实现分析主题的展示。报表查询可以实现各类业务按日、月、季、年的报表统计与生成；主题分析可以根据不同业务类型与特点，形成针对某项或某几项业务的统计分析，并以图表的形式予以展现；多维分析则是通过发掘业务内、业务间多层次数据需求，实现综合分析业务应用。

（四）系统展现层

交通运输行业综合运行分析主题的主要展现形式为图表，如数据报表、折线图、饼状图和直方图等。对于某些跨业务综合分析类型，则应采取多种组合展示的方式，从多个层面和视角全面展示分析结果。

（五）系统应用门户

在应用支撑层的基础上，通过对行业管理与服务需求的深入分析，依托建立的交通运输信息资源整合库，在资源整合的基础上，设计开发并推广应用涵盖行业管理部门行政办公和"建管养运"各项业务职能的计算机辅助应用系统，提高各项业务工作的规范化、科学化水平。

交通运输行业综合运行分析系统针对不同的用户可以配置不同的服务：面向业务管理人员提供服务的是基于资源库的综合查询分析系统，主要提供面向业务监管的电子地图、原始数据检索及专题统计分析等；面向领导决策提供服务的是基于资源库的决策支持系统，主要提供面向领导的宏观决策专题统计分析；面向社会公众提供服务的是基于资源库的信息发布系统，通过数据的发布和共享，使社会公众能够了解交通运输相关企业营运情况等。

二、交通运输行业综合运行分析系统总体技术架构

依照业务分析建模层要求，交通运输行业综合运行分析系统能将主题数据库中的数据进行重新组合，将数据通过多种方式、多种角度、多种层次进行展现，以供用户查询与分析。交通运输行业综合运行分析系统包含数据查询技术、基于GIS地图的查询与展现技术、多维分析技术，以及报表展现技术等。这里主要介绍前两种。

（一）数据查询技术

数据查询技术是信息系统的基础功能，其通过指定条件对所有的行业信息进行查询，并将查询结果以列表方式或与 GIS 地图结合的方式显示出来。用户一般要求该功能的查询简单、灵活、快速，且界面友好，只需要输入关键字即可查询所需结果，能屏蔽复杂的数据库语言、数据字典和编程语言。该功能需要具有固定结构查询、查询设计器、查询界面及示警功能等基本功能特点，具体描述如下：

1.固定结构查询

针对某类用户的特殊查询角度（查询条件），可以通过查询设计器为此类用户设定特定的查询条件，并将此模型固化，供此类用户执行查询操作，此类基于固定的查询条件的查询即为固定结构查询。此类查询为查询条件固定的用户带来了简便，用户只需要在对应框中输入或选中查询条件然后点击查询即可得到相应结果。一个固定查询需要包含如下信息：指定任意的查询条件组合；指定任意的查询输出内容。

2.查询设计器

查询设计器是专业的基于万维网页面的可视化定义、编辑及固化查询模型的工具，能对定义或编辑的结果进行保存和重现，通过该设计器可以实现跨越多个表的查询。

3.查询界面

查询界面提供了查询条件的输入框，固化查询模型依照用户在界面输入的条件自动合成符合条件的结构化查询语言，并连接数据库执行查询操作，最终将查询结果格式化后反映到查询界面中。查询界面还提供了对查询结果的过滤、升降排序、导出、打印等功能。

4.示警功能

为了保证查询执行效率，在用户输入查询条件时，查询模型提供了简单的条件示警功能，该功能可以根据预定的条件对输入内容进行判断，避免明显错误条件组成的 SQL 语句提交到数据库，从而提高系统的效率，减小数据库压力。

（二）基于 GIS 地图的查询与展现技术

基于 GIS 地图的查询与展现是综合运行分析系统的基础，是系统易用性与结果展示直观性的保障，基于 GIS 地图的查询与展现技术包括基本功能、数据查询功能、数据分析和展现功能、目标定位功能、路径分析功能五大部分。

1. 基本功能

（1）图层设置功能。如增加、删除、打开、关闭图层等。

（2）电子地图基本浏览功能。如地图放大、缩小，全图显示，地图画面移动，图例显示，设定要素高亮显示的矩形区域。

（3）目标显示功能。即鼠标移到何处，何处显示目标信息。

（4）其他功能。如清除、专题图打印、系统管理功能等。

2. 数据查询功能

（1）基础数据查询。实现对路线、路基、路段、桥梁、涵洞、隧道、公路渡口、公路附属设施、沿线环境等的查询。

（2）明细数据查询。可以查询任何一条路线的简明信息和明细信息，可以查询任何一个行政区划范围内的路线简明信息，可以查询路线上任何一点的桩号信息及相关技术指标，可以通过点击地图的方式，查询地图上任何一个要素的属性信息。

（3）基于条件查询。设定某项条件，地图上显示选中目标的对应指标值或多项指标值。

（4）组合查询。进行组合查询，并将查询结果在地图上可视化显示。

3. 数据分析和展现功能

结合 GIS 地图对分析结果进行展示，可以提高分析结果的直观性，提高用户与综合分析系统的互动能力。

（1）公路管理业务分析展现功能：在电子地图中统计显示省（自治区、直辖市）和各地市按公路行政等级（国、省、县、乡道）、技术等级（高速、一级、二级、三级、四级）分类的里程数统计分析结果，以专题图的形式展现。按行政区划、设施类型对桥梁、隧道、涵洞的数量和总数进行统计分析，并将结果以图表形式绘制在电子地图上。按地区、时间同比和环比对交通运输流量进行分析，并将结果以图表形式绘制和显示在电子地图上。对危桥及重点监控桥梁予以重点显示和详细说明，并结合 GIS 地图，在电子地图中显示、标绘。

（2）高速公路业务分析展现功能：在高速公路出（入）口地点，按车型、车种、车重级别、车辆轴型等类别，对高速公路车流量进行分析，分析车流量增长趋势，将分析指标在 GIS 电子地图显示和标绘。从时间、地区、主要道路沿线等角度，对高速路政执法案件进行统计并进行趋势分析，将分析结果以专题图的形式展现。

（3）道路运输管理业务分析展现功能：客运站基本情况指标包括级别、设计能力、班次、发送量及发送量占比等，在 GIS 电子地图中显示和标绘。从地区、班线类型、营运车辆类型等角度，对营运线路指标（里程、班次、发送量）进行统计分析，并以专题图的形式展现。从案发时间、车籍所在地、所属企业等角度，对违章车辆案件数、罚款金额等相关指标进行统计及增长趋势分析，并以专题图的形式展现。

4.目标定位功能

（1）目标定位查询功能：查询行政区划、道路、路段、桥梁、收费站、加油站、交通量观测站、养护设施等目标的地图定位。

（2）基本桩号位置查询：按路线桩号设定，显示位置点定位。

（3）业务数据的定位查询：提供相关业务数据定位查询，如对于养护数据，提供养护工程路线路段定位、各路段养护质量等级分布定位、各路段路面材质分布定位等功能。

5.路径分析功能

（1）最佳路径选择：通过设置起点和终点，得到最佳路径分析功能。

（2）路径选择功能：通过设置各类条件，如通过设置路障、道路等级选择等条件，选择路径。

（3）路径计算：计算路径的相关指标，如计算所指定路径的总里程，以及经过的道路名称、桥梁数、隧道数、收费站、加油站等。

第三节 交通运输行业综合运行分析主题数据组织

交通运输行业综合运行分析主题数据主要来源于交通运输数据中心的基础数据库与业务数据库。根据综合运行分析主题设置，梳理现有数据资源，整合形成交通运输行业综合运行分析主题数据库，为交通运输行业综合运行分析提供强有力的数据支撑。对于一些没有业务系统支撑且用户具有特殊需求的分析主题，需通过数据填报的方式进行数据录入，以满足部分分析主题的数据需求。

一、交通运输行业综合运行分析主题数据库

交通运输行业综合运行分析主题数据主要是从基础数据库和业务数据库抽取后经过业务逻辑处理形成的数据。交通运输行业综合运行分析主题数据库数据的直接来源是交通运输数据中心基础数据库和业务数据库，通过对交通运输数据的应用需求分析，建立若干分析主题。以应用主题为对象，以基础数据库为根本，整合各类动态业务数据，形成针对某些主题的综合数据库群，为各业务部门提供相关数据查询、统计与分析服务，为相关政策、法规的制定提供数据支持。

二、数据填报

数据填报系统主要用于解决未建立业务系统，或有业务系统但由于相关原因（单机系统、保密性系统、数据格式封闭系统等）不能通过常规数据交换手段对其进行有效整合，而行业管理业务又急需数据的录入问题。此类数据多为复杂的报表类数据，该类数据需要人工使用数据填报子系统录入。数据填报系统功能结构如图3-2所示。

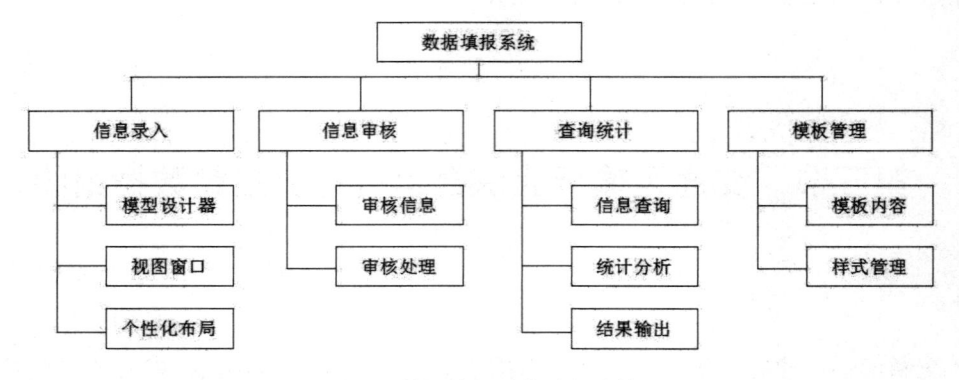

图3-2 数据填报系统功能结构

交通运输整合服务体系涉及的填报数据涵盖了公路、水路各级业务管理部门基建项

目完成情况、公路养护信息、水路运输量统计、港口生产能力统计、节假日公路水路运输量统计等多方面的信息。在业务流程方面，一般按照业务数据报送流程进行分级管理，上级部门是下级部门用户权限分配和业务审批单位。

（一）信息录入

信息录入模块的用户为各级授权信息录入人员，其功能需求主要包括：为各级授权用户提供录入界面，并引导用户填报数据。该模块通过简单的数据自动校验功能保证录入数据的质量，如对数字、字符的鉴别，电话号码的校验，身份证的校验等；在初始状态下，包含公路及水路基建项目完成情况、公路养护信息、水路运输量统计、港口生产能力统计等；提供可灵活定制的信息录入界面，以保证系统的可扩展性。授权用户可通过系统提供的录入界面定制功能对系统录入界面进行设计与定制，信息录入界面的定制由管理模块的录入模板管理子模块实现。

（二）信息审核

信息审核模块的用户为各类信息录入人员的上级领导（部门），其功能需求主要包括：提供信息审核界面，上级领导（部门）对信息录入人员填报的信息进行审核，从而确保信息的正确无误；审核结果处理，上级领导（部门）将通过审核的录入信息直接提交至相应的数据资源库，给出未通过审核的录入信息的修改意见，将其发回重录。

（三）查询统计

针对各级用户管理范围不同的特点，查询统计的功能需求主要包括：分别为各级用户提供不同的查询功能，如信息录入人员能对自己录入的信息进行查询或核对，信息审核人员则能对自己所管辖范围内的信息录入人员填报的信息进行查询；提供统计分析功能；提供查询结果输出功能，支持统计结果的保存、打印和导出。

（四）模板管理

模板管理是实现交通运输行业综合运行分析系统灵活配置的关键，其功能需求主要包括：支持模板的添加、调用、修改和删除等操作；可设定、修改各类信息内容的显示样式和信息报送页面内容的显示样式。

第四节　交通运输行业综合运行分析系统设计

交通运输行业综合运行分析系统是基于整合后的信息资源库，按照一定的分析模型建立的一系列分析主题的集合。一方面，通过确立统计主题，建立统计分析模型，实现面向领导的综合分析和决策支持的服务；另一方面，通过相关字段对统计数据进行查询，建立跨业务的数据共享，实现面向行业管理的综合应用。

一、交通运输行业综合运行分析系统内容

按照交通运输行业业务类型分类，交通运输行业综合运行分析可分为公路交通运输综合运行分析和水路交通运输综合运行分析两类。其中公路交通运输综合运行分析按照管理类别可分为公路基础设施建设、公路管理、道路运输三个方面，水路交通运输综合运行分析按照管理类别可分为水运基础设施建设、港航管理两大类。综上所述，交通运输行业综合运行分析按管理类别可分为交通运输基础设施建设综合运行分析、公路管理综合运行分析、港航管理综合运行分析、道路运输管理综合运行分析四大部分。

（一）交通运输基础设施建设综合运行分析

交通运输基础设施是经济社会发展的重要支撑，也是公共服务的基础。交通运输基础设施建设综合运行分析主要是针对基础设施建设项目前期工作进展、投资进度完成情况等进行统计分析，为查询用户提供基础设施建设项目的投资概算、建设规模、资金到位情况、完成投资情况、形象进度和存在问题等基本信息，使用户可以全面了解基础设施建设进度。交通运输基础设施建设综合运行分析也为基础设施建设项目规划、投资预算等提供支持，为领导决策提供准确的数据支撑。

交通运输基础设施建设综合运行分析主要围绕高速公路建设、路网建设、农村公路

建设、客货运场站建设、航道建设、港口建设等主要基础设施建设展开。

（二）公路管理综合运行分析

公路管理综合运行分析主要针对公路"建管养运"等业务内容展开，主要包括：公路基本情况统计分析，如对公路建设基本情况、公路路面铺装情况、历年公路里程发展情况、桥梁建设情况、隧道建设情况、公路通达情况、公路养护情况、公路绿化情况等进行统计分析；公路路政管理统计分析，主要对公路路政许可管理、公路路政巡查管理、公路超限管理等进行统计分析；公路收费统计分析，主要对收费站收费路段管理、通行费征收、公路交通流量等进行统计分析。

（三）港航管理综合运行分析

港航管理综合运行分析对航道管理、船舶统计、航务信息、港口管理和水运生产等业务进行分析，主要包括以下内容：

1. 航道管理

对船闸、升船机、水位站、桥梁、水上（下）过河建筑物等构筑物进行统计分析。

2. 船舶统计

对船舶数量、船舶运输货物类型、船舶登记总吨、船舶构成、船舶能耗等信息进行统计分析。

3. 航务信息

对航道通航保证率、标灯维护、维护性炸礁、船舶海损事故等信息进行统计分析。

4. 船舶管理

对船舶检验、报废、转籍等信息进行统计分析。

5. 港口管理

对港口管理机构、仓库堆场、码头等信息进行统计分析。

6. 水运生产

对港口旅客、货物、集装箱吞吐量进行统计分析。

（四）道路运输综合运行分析

道路运输综合运行分析对道路客运、道路货运、汽车维修检测、运政稽查、城市客运、驾培等业务进行分析，主要包括以下内容：

1.道路客运

对客运经营业户、客运车辆、客运从业人员、客运场站旅客运输量等信息进行统计分析。

2.道路货运

对货运经营业户、货运车辆、货运场站货物运输量等信息进行统计分析。

3.汽车维修检测

对汽车维修检测业务等进行统计分析。

4.运政稽查

对案件信息、违章罚款、结案率、复议率等信息进行统计分析。

5.城市客运

对城市公交车、城市出租车运营等信息进行统计分析。

6.驾培

对驾驶培训机构、教练员、教学车辆等信息进行统计分析。

（五）其他分析

由于各地交通运输行业机构设置、业务构成有差异，在信息资源整合过程中侧重点有所不同，综合运行分析系统分析主题的配置也各有不同，各地可根据自身业务特点设置满足自身需求的综合运行分析系统。

二、交通运输行业综合运行分析系统主题设计

交通运输行业综合运行分析系统主题设计需遵循一定的原则，通过对各业务部门和系统最终用户的调研，形成最终需求，根据用户确认后的需求，通过梳理现有信息资源，确定分析主题配置及实现方式。分析主题设计内容需要包含以下内容：

（一）分析名称

根据分析主题所对应的业务内容和数据资源特征确定分析主题名称。

（二）分析编号

对分析主题进行编号，为分析服务的索引与查询奠定基础。

（三）用户对象

综合运行分析系统用户对象不仅包括在需求调研中所确认的用户，还包括系统潜在的用户。

（四）分析类别

分析类别是按照分析主题分类方法，明确分析主题所对应的业务领域，指引用户方便快捷地定位该分析主题。

（五）分析类型

根据用户需求和数据资源支撑情况，设定分析主题的分析类型。分析类型主要包括查询分析、单维度分析、多维分析等多种类型。

（六）表现形式

分析的表现形式即综合运行分析主题在最终展示页面上的表现形式，主要分为报表和图形。图形又可分为饼状图、直方图、折线图等多种样式，或者这几种表现形式的组合。

（七）分析主题描述

分析主题描述通过简洁的语言对分析主题的纬度、度量，以及分析内容、步骤、期望展现方式进行描述，是分析系统开发配置的主要依据。

（八）分析策略

分析策略主要根据交通运输行业综合运行分析系统的要求，结合数据资源满足情况，设计出效果良好的分析展现方法。分析策略主要包括查询分析、趋势分析、构成分析、排名分析、比较分析等。

（九）维度

维度是分析指标分类或聚合的依据，也是分析主题既定的分析对象。维度需要标明其最粗粒度、最细粒度、刷新频率等。

（十）度量

度量即分析指标项的值，度量需要与对应的维度进行匹配才有意义，度量一般为数值，是对维度对象的具体量化。度量需要标明其刷新频率、是否必选和转换规则说明。转换规则说明主要用来描述具体指标项的相关映射与对应关系。

（十一）数据来源

数据来源为分析设计配置人员指明数据来源系统。

第五节 交通运输行业综合运行分析系统的建设

一、建设步骤

交通运输行业综合运行分析系统是根据交通运输行业的特点，结合行业规划、建设、管理等方面的切实需求建立的综合分析体系，旨在指导行业管理、服务领导决策、提高业务协同效率。交通运输行业综合运行分析系统的建设，需紧扣行业需求，充分利用现有数据资源，结合多种展现方式，全面、直观地反映行业运行情况。

（一）深入调研

开展全面深入的调研工作是准确掌握用户需求的基础，交通运输行业综合运行分析的主要用户包括各级领导和行业管理人员。调研方式主要有面对面调研、问卷调研、电话调研等，调研对象除各级领导外，还包括各处室（科室）基层业务人员。调研过程中，相关人员要深入各处室（科室），了解领导及基层业务人员的切实需求，明确各个环节的业务流与数据流的关系。调研结束后要形成规范的调研报告，作为后续工作的重要参考资料。

（二）信息资源梳理

通过调研，了解不同业务处理方式，获取相关业务系统信息，根据业务类别梳理现有数据资源，了解信息资源的输入输出关系，评估数据质量，将可作为分析基础的数据资源进行归类和编目，形成交通运输行业综合运行分析主题数据库。

（三）分析主题设置

在明确现有数据资源的基础上，根据业务处室调研结果，建立分析主题目录。分析主题目录的建立应根据行业管理类别进行分类。分析主题设置是一个动态的过程，可根据用户需求进行调整。

（四）搭建分析模型

结合不同业务流程及现有数据资源情况，建立不同的综合分析模型。分析模型可帮助开发人员实现分析主题开发配置，明确分析主题采用何种方式（联机分析、多维分析、查询分析等）以及如何展现（柱状图、折线图、饼状图、散点图等）。

（五）运行分析实现

从交通运输行业综合运行分析主题数据库抽取数据资源，并对数据资源进行筛选，通过开发配置等一系列的展现手段，实现分析主题的前端展现。在业务模型设计完毕之后，将模型所提供的分析维度与统计指标结合用户的需求实时、灵活地进行各种组合，将组合后的结果用图或表的形式展现给用户以作相关的业务数据分析、统计与查询。

随着交通运输行业综合运行分析系统的建设，分析主题的设置需要不断和用户及具体业务人员沟通，确保分析主题设置合理；分析模型的搭建需要明确现有数据资源对分析主题的支撑情况，并根据数据情况不断调整主题展现方式。当交通运输行业综合运行分析系统开发完毕后，需要通过试运行获取用户反馈意见，进一步完善相关内容，形成最终交付的系统。

二、承载的设备与运行环境

交通运输行业综合运行分析系统对承载设备没有特殊要求，可使用独立的数据库管理系统或直接访问数据中心设立的交通运输行业综合运行分析主题数据库。交通运输行业综合运行分析系统的用户主要为各级领导、行业管理人员等，所使用数据具有交通运输行业特点，不宜直接向社会公布，其运行环境为交通运输行业专网。为方便各级用户方便快捷地访问该系统，可在统一办公平台设立单点登录体系。

三、选用的工具

交通运输行业综合运行分析的实现是交通运输行业综合运行分析系统建设的关键。可选用的工具主要为商业数据统计分析软件。

商业数据统计分析软件是由商业公司封装形成的商业分析软件，用户通过配置数据来源、所有字段、展现方式等内容，即可实现统计分析展现效果。商业数据统计分析软件的主要特点包括：具有跨平台的特性，可提供完备的数据建模分析工具，实现可视化开发；可提供丰富的多维分析操作选项，提高人机交互分析的效果，包括任意的维度组合、数据钻取、数据切片、数据筛选、动态分组等；系统支持多种图表的展现能力，如柱状图、折线图、饼图等，可以在报表上进行数据钻取，也可以直接在图表上进行数据钻取；提供明细数据查询功能，查询界面中提供丰富的操作功能（导航、过滤器、升降排序、导出、打印）、数据查询示警功能等；支持订阅和发布功能，订阅的对象可以是各类定义好的分析模型，也可以是基于某个发布主题。对于分析模型而言，可以订阅基于该模型发布的周期性报表或图表；对于某个主题而言，则可以订阅该主题下新发布的内容。

此外，还可选用基于开发平台或第三方插件开发的软件。此种方法没有既定的展现方式，每个分析主题从数据到展现方式都需要进行底层开发与配置，效率比第一种方式低，但具有可灵活配置开发的特点，可根据主题设计不同的展现内容及展现效果。

四、与数据中心、其他系统的关系

数据中心的数据的主要来源是支撑行业管理与运行的业务系统,通过资源整合工程将分散于各个不同职能域业务系统的数据进行抽取与整合,形成按照一定规则聚集在一起的基础库与业务库。交通运输行业综合运行分析系统则是在数据中心基础库与业务库的基础上,对数据资源进行进一步抽取与归纳,结合业务应用,通过对数据中心现有数据的挖掘,形成具有辅助领导决策、预测运行发展趋势、指导行业管理等功能的综合分析系统。

第四章　交通运输行业运行监测系统

第一节　交通运输行业运行监测系统概述

交通运输行业运行监测系统是交通信息资源整合与服务体系的应用系统之一，它的任务是建设覆盖省（自治区、直辖市）交通运输管理机构所辖地域，乃至形成全国的交通行业统一的日常运行监测系统。通过对公路、水路基础设施和运输装备运行的特征指标值监测，及时接报本行业各管理部门的上报运行数据和事件信息；监测交通运输日常运行状况，及时发现异常状态，将突发事故消灭在萌芽状态。交通运输行业运行监测系统还可以辅助交通运输主管部门及时把握行业运行动态，快速发现行业运行的异常情况，并采取相应调整措施，预防突发事件的发生。运行监测系统可以实现交通运输行业内外监管与处置信息的交换共享，实现资源动态管理和科学调度，确保交通运输行业安全、有序、高效地运行。

交通运输行业运行监测系统是在深入分析铁路、公路、水路、民航等交通的日常运行管理业务需求的基础上，重新审视和梳理各类应用场景，归纳和总结具体功能需求并抽象出具体的交换模型。此外，交通运输行业运行监测系统还针对各类传统的应用集成模式进行分析，建立统一的系统平台，主要实现交通基础设施的日常运行状况监测及各类突发事件的应急处置，对各类特征指标值进行实时监测，及时发现和接报行业的异常运行状态和事件，便于主管部门及时把握行业运行动态，快速发现行业运行的异常情况并采取相应措施。

一、构建交通运输行业运行监测系统的原因

交通运输是国民经济的基础性、先导性、战略性产业和重要的服务性行业。几十年来，我国交通运输经历了从"瓶颈制约"到"初步缓解"，再到"基本适应"的发展历程。目前，由铁路、公路、水路、民航等多种运输方式组成的综合交通运输体系基本形成，"五纵五横"综合运输大通道基本贯通，交通运输服务保障能力显著提升，国民经济主动脉作用日益显现。目前，我国的交通运输资源调配、实时运行监测、应急处置及大范围交通运输服务等能力仍有待提升。

近年来，我国路网规模日渐扩大并逐步走向完善。在庞大的路网中，由于"微循环"的形成，重点路段车流量趋于饱和等因素使得路网越来越重视气象、突发事件、自然灾害等紧急情况。因此，对路网运行状况进行必要的监测，并提供相应的信息服务的重要性日渐凸显。交通运输部高度重视路网管理工作，适时成立了交通运输部路网监测与应急处置中心。交通运输部路网监测与应急处置中心是隶属于交通运输部的事业单位，专职从事路网运行监测、应急处置调度和出行信息服务工作。交通运输部路网监测与应急处置中心的主要职能包括运行监测、应急处置、出行服务，如：①拟定全国公路网运行监测、重大突发事件预警和应急处置技术支持、出行信息服务等方面的规章制度，并组织实施。②承担全国公路网运行管理的相关政策、标准和规范的研究、起草工作。③承担全国公路网日常运行监测工作；承担国家高速公路和重要干线公路及特大桥梁、长大隧道的实时监测工作。④承担国家公路交通突发事件应急预案的起草、修订工作；承担全国公路交通突发事件应急值守和应急信息的内部报送工作。⑤承担全国公路网重大公路突发事件的预测、预警工作；承担全国公路网运行统筹调度、跨省（自治区、直辖市）公路交通组织和疏导、应急抢修保通等事项的组织与协调的有关工作；承担重大公路交通突发事件应急处置的有关工作……因此，构建交通运输行业运行监测系统很有必要。

之所以构建交通信息运行监测系统，与以下四个方面内容有关：

第一，恶劣天气剧增。近些年，全球极端天气事件频发。《中国气候变化蓝皮书（2021）》指出，高温、强降水等极端事件增多增强，中国气候风险水平趋于上升。

第二，地质灾害频发。山体滑坡、泥石流、地震等地质灾害事件频发。

第三，交通流量上升。机动车保有量快速增长，干线公路网交通流量明显上升。

第四，出行需求加大。随着出行需求的快速增长，部分路段交通流量大，处于饱和

状态的运输通道日益增多,这也造成局部路网时常出现交通拥挤现象。

构建交通信息运行监测系统的原因如图4-1所示。

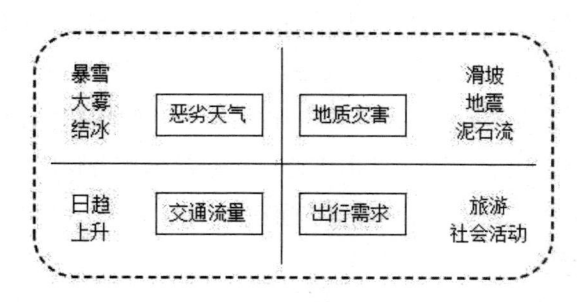

图 4-1 构建交通信息运行监测系统的原因

以上四个方面内容导致路网交通运行环境趋于复杂,路网压力呈逐年上升趋势,对交通日常运行状况即时进行监测及预警,可有效降低交通突发事件的响应时间,提高应急处置效率,改善交通领域整体的安全状况及服务水平。

二、交通运输行业运行监测系统需求与服务对象

(一)系统需求

1.功能性需求

构建交通运输行业运行监测系统,有助于实现信息接报、监测预警、信息发布、资源管理、统计分析、辅助决策等功能。对日常运行状态即时进行监测、预测和预警是应急管理的基础工作之一。根据交通运输部发布的《公路交通突发事件应急预案》《水路交通突发事件应急预案》,对于公路交通突发事件的应对工作,应坚持"以人为本、平急结合、科学应对、预防为主"的工作原则,增强预警预防和应急处置能力,坚持预防与应急相结合,常态与非常态相结合,提高防范意识,做好预案演练、宣传和培训工作;高度重视公路交通突发事件应急处置工作,提高应急科技水平,增强预警预防和应急处置能力,坚持预防与应急相结合,常态与非常态相结合,提高防范意识,做好预案演练、宣传和培训工作,做好有效应对公路交通突发事件的各项保障工作。建设交通运输行业运行监测系统,有助于加快行业内外安全监管与应急处置信息的交换、共享,实现公路、

水路日常运行资源的动态管理和科学调度，确保应急重点物资和抢险物资的紧急运输，更好地保障人民生命财产安全。开展结合我国交通运输实际特点的运行监测系统建设是当前交通领域的重点工作之一。

交通运输行业运行监测系统主要是通过各级交通运输管理机构对所辖范围内公路、水路等的基础设施和运输装备运行的特征等反映交通运输活动的状态指标值进行实时监测，接报各行业管理部门的上报运行数据和事件信息，使主管部门及时把握行业运行动态，快速发现行业运行的异常情况，并采取相应的调整措施，以便为行业管理者了解交通行业总体运行状态提供支持。

（1）监测对象。

运行监测系统的主要监测对象可概括为公路路网日常运行状态、水路交通日常运行状态、基建项目建设进展状态、重点路段和重点水域等实时视频及移动视频。

（2）预测预警。

系统对公路、水路等的日常运行状态进行实时监测，并对各类指标阈值进行预先设置。

预测预警是指路网管理者在掌握现有信息的基础上，依照一定的方法和规律对未来的事情进行测算，以预先了解交通事件的发展结果。根据分析结果及可能性前兆，路网管理者对可能发生的公共交通突发事件进行预警，以最大程度降低事件所造成的危害和损失。

目前，我国交通运行预测预警机制尚未健全，存在交通应急各类专项预案不够完善，缺乏必要的组织保障，危机预警力度不够，相关信息化系统建设未跟上，信息采集、共享、发布机制尚不健全等问题。

（3）指挥调度。

指挥调度指的是对整个事件的发生过程进行跟踪、支持，在短时间内对突发性危机事件作出快速反应并提供妥善的应对措施预案。当应急事件发生后，相关应急指挥机构应根据应急预案和流程，发挥公路、水路等突发事件信息的报送接收、分析处理、综合显示、分发下达等功能，实现应急队伍、物资装备等应急资源的辅助调度和部署，发挥应急处置指令跟踪、执行反馈、过程监督和效果评估等功能，实现对应急管理机构、应急队伍、物资设备、通信保障等人力、物力、财力资源的信息管理，包括资源监控（应急资源跟踪反馈、应急资源分布、应急资源状态等），以及物资储备、配置调度和编码管理等功能。科学开展相关处置措施及决策支持工作，必要时按照指令对公路、水路等实施调度指挥的具体执行工作，配合有关部门对局部拥堵路段进行交通分流和疏导，保障交通运行畅通。

当应急事件发生后，值班人员可借助热线电话、传真、短信平台和视频会议等通信手段，将指令信息下达给各级单位，也可以直接下达指令给各级单位相关人员，各级单位把事件进展和处理情况及时回复给调度中心。指挥调度人员则将事件调度信息登记记录、处理和反馈，系统则将自动记录相关信息，包括电话录音、传真副本、短信内容、视频会议全程录像等。

（4）基于移动终端的监测技术。

交通运输具有地理位置分散的特点，在交通运输应急处置方面，不仅需要应急指挥中心的指挥调度，更重要的是建立应用于交通运输日常事件监测及应急处置现场的移动智能终端体系。通过建立覆盖全省日常值守及路政管理人员、航道管理人员的移动视频监控体系，可以极大扩展应急处置范围，提高应急处置的效率和整体水平，从而提升交通运输应急处置智能化、信息化的水平。

随着无线通信技术的快速发展，特别是国家的政策支持为应用于交通运输领域的智能终端的研发和推广应用提供了广阔的发展空间。由于目前手机行业的高速发展，采用手机方式提供综合应用可以很快地覆盖大部分人员，有效降低投入成本，提高服务水平。

①适用于通用移动终端的视频监测技术。视频监控体系必须具有覆盖面广、灵活可移动、可大量配置的特点，满足现场数据采集和上传、应急资源和实时交通信息查询、应急指令同步等基本功能，有利于大面积铺开建设交通运输行业运行监测及应急体系。

目前，国内常见的视频监控技术主要以固定摄像头和专用移动终端设备（如视频监控车）为主，这两种方式各有优缺点。固定摄像头主要适用于在重点路段、重点航段布设监控，可以以较低的成本覆盖较大的范围，可大量配置。但是固定摄像头布设后不可移动，因此只适用于长期监控。专用移动终端设备具有灵活可移动的特点，适用于对突发事件的短期监控，并且可以为应急处置提供监测与应急指挥一体化的监测服务。但是专用移动终端设备的价格非常昂贵，应用范围也比较受限。移动视频通信设备由基本硬件配置、车载云台摄像机、5G（第五代移动通信技术）通信包、海事卫星通信包组成。各省若只配置少量设备，很难覆盖各高速公路、国省道、城市主干道、出省通道及内河航道、出海港口的监管范围。因此，通常并不适合构建低成本、覆盖面广、可大量配置的移动智能终端监控。

近年来随着移动互联网技术的发展，通用移动终端设备（如智能手机、平板电脑等）

的功能越来越多。对于交通行业，适用于交通信息服务和应急处置的移动智能终端技术也从"专用硬件、专用软件"发展到了"通用硬件、专用软件"阶段。安装了专用软件的通用移动终端，可以同时采集视频信息和位置信息，将数据传回监控中心，监控中心可通过网络实时监控。该技术可以实现视频全程覆盖。

②船载信息服务终端技术。目前，除了利用电脑与互联网接入平台获得服务外，还可以利用智能终端为平台用户量身定做相应终端程序。平台用户将智能终端接入无线网络后，无论是在船上、车上或是在办公室内，都可以查询、发布相关的服务信息和使用其他拓展功能。

目前，内河航道电子地图所标的水深值通常以近30年水文观测的最低潮面作为基准面，内河航道水深受降雨影响，在洪水期和枯水期差别较大，因此如何及时获取内河实时水深信息是实现船舶在内河中安全航行的一个非常关键的问题。另外，电子海图只适用于海洋运输，无法覆盖内河航道，这使得海船入江航行时，无法获得航道的实时动态信息。内河航道电子地图适用于内河运输，缺少港口地图信息，这对船舶与港口的信息交互造成极大不便。如何实现内河航道电子地图、港口电子地图和电子海图的融合是船舶在内河航行中的又一个关键问题。

对此，可以采用基于移动终端的应用服务技术和云计算技术，实现内河航道电子地图、港口电子地图和电子海图的融合，以及实时水深、实时净空的推算，通过移动终端在线发布实时水深，为船舶在内河航运提供航行参考信息，大大提高船舶在内河航运的安全性。船载智能终端能使所有航行在内河中的船舶均可被智能感知、监测和调度，实现船与船之间、船与岸之间的信息互通，有利于建立航运船舶的物联网体系。

除运用智能终端和云计算技术进行服务创新外，还可以借鉴其他行业中最新的在线服务理念来不断发展和完善服务的创新研究。例如，在服务收费方式上，可采用按需付费的方式，即按照使用量进行收费，从而为用户提供更贴切的服务。

针对系统的主要监测对象，结合值班人员的日常工作，本系统的主要需求如表4-1所示。

表 4-1 交通运输行业运行监测系统需求表

需求类型	需求内容
日常值守管理	值班员接收各单位报送的日常运行业务，如公路施工、道路阻断、交通管制、异常天气等，根据实际情况录入系统，并在 GIS 上标注，同时将异常或预警信息审核后推送到有关部门，通过公众出行信息服务系统的网站、呼叫中心、短信平台、广播及网站模块进行发布
公路日常运行监测与预警	基于 GIS 平台，对交通量、平均车速、车流密度、能见度、气象等信息进行监控，以便及时发现异常情况，通过与历史数据对比，为工作决策提供信息服务。对公路养护施工、阻断、气象、交通量等进行处理、分析，实施日常监控
水路日常运行监测与预警	基于 GIS 平台，对港口码头、航道运行情况及重点水域视频进行监测
基建项目建设日常监测	基于 GIS 平台，在一张图中标注高速、国省干道、农村公路、农村公路渡改桥、新建桥梁、公路运输场站和水运交通基础设施建设项目的位置，然后用鼠标点击查看详细信息
信息上传下达	上级交通运输管理机构对下级交通运输管理机构进行信息下达，下级机构值班人员对上级机构进行信息上传及对其他部门相关人员进行信息传达，自动记录上传下达的相关信息
初步应急处置	当发生交通突发事件时，系统具备初步的应急处置功能，辅助控制、减轻和消除交通突发事件引起的严重社会危害，及时恢复交通正常运行，保障公路、水路畅通，满足有效应对交通突发事件的需要

2.非功能性需求

（1）性能需求。

通过灵活的架构设计、优化的数据查询服务、优化的数据交换与共享服务，对系统性能保障进行设计，应满足以下性能指标需求：

①可用性及可靠性：满足系统 7×24 小时的可持续使用，传输数据服务准确，不丢

失数据。

②可扩展性：系统功能扩充或使用单位增加时不影响现有系统功能和结构，当系统数据量和访问量增大而导致系统配置不能满足要求时，可以通过增加服务器等硬件进行解决，而不是在软件上进行修改。

③实用性：系统设计以方便、简洁、高效、实用为目标，系统平台实现操作风格统一、操作环节简洁、操作互动性强。允许用户自定义应用视角及界面展示方案，既充分体现快速反应的特点，又方便操作人员进行业务处理和综合管理。

④先进性：使用先进的计算机技术、通信技术、测控技术、视讯技术等，保证系统的技术领先性。

⑤响应性能：一般的查询响应时间在 2 s 以内；带有复杂饼状图、柱形图等的查询，响应时间在 5 s 以内；统计分析的响应时间不超过 10 s。

（2）故障处理需求。

设置系统自检等运行状态，在系统处于自检状态时，各分系统通过自我检测故障，及时提示系统的故障情况。

（3）安全性需求。

为了防止用户误操作对系统运行及内部数据的损坏，本系统采取如下防护措施：

①身份验证。用户须输入合法的用户名、口令方能进入系统进行操作，根据不同的用户权限，打开不同的功能模块。

②输入信息的合法性检查。用户输入的信息需经过合法性检查，对于超出系统要求之外的内容要过滤掉。

③误操作防护。当出现误操作时，可由系统管理员进行数据恢复。

④数据删除警示。在删除任何数据之前，都需提示用户是否确实进行删除操作。

（二）系统服务对象

交通运输行业运行监测系统主要针对行业主管部门的各级管理者。以省级交通运输管理机构为例，根据不同的所属机构，可分为省交通运输管理机构用户和交通运输管理机构直属业务局用户两类。

1.交通运输管理机构用户

交通运输管理机构用户根据其角色不同又可分为运维部门用户和业务部门用户。

运维部门用户包括日常值班人员、信息填报人员、信息审阅用户、系统管理人员等。

业务部门用户包括综合运输管理处、建设管理处、财务处、内审处、人事处、水运管理处、政策法规处（行政审批办公室）、综合规划处（交通战备办公室）、科教处、安全监督管理处、办公室等。

2.直属业务局用户

直属业务局用户包括信息查询类用户，信息填报类用户，业务接收、处置、反馈类用户。

第二节 交通运输行业运行监测系统的运行

一、交通运输行业运行监测系统的架构、流程、接口及建设任务

（一）系统的架构

1.业务体系架构

根据我国交通运输行业的管理体制和机构现状，交通运输行业运行监测系统初步构建形成了国家级、省级、下属业务局级等多个层级的业务体系架构，如图4-2所示。

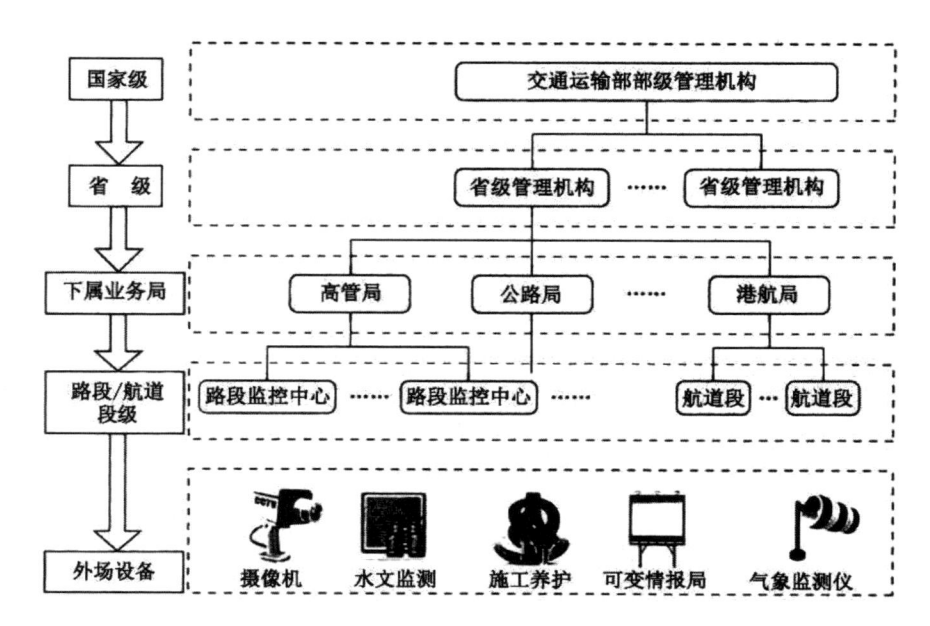

图 4-2 交通运输运行监测系统业务体系架构

根据国家级、省级、下属业务局级、路段/航道段级等不同层级管理机构的管理和使用需求，形成了不同层级的一体化运行监测模型。各层级管理机构关注的业务对象日常监测范围及内容在数据规模、信息发布、对外交互性等方面均存在差异，如图4-3所示。

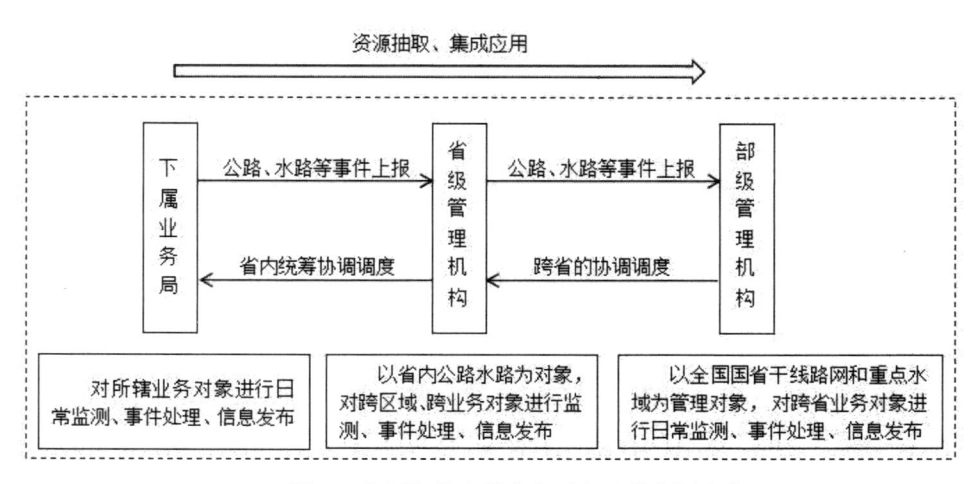

图 4-3 各层级关注的业务对象日常监测内容

（1）部级管理机构。该机构作为国家级交通运行监测与协调管理的专门机构，负责全国公路网（重点是国家高速公路网和国道主干线）、全国沿海及重点内河水域等运行状态的日常监测，可随时调看监控录像和动态监测数据，实现了跨区域、跨省的信息交换与协调指挥调度。

（2）省级管理机构。该机构作为省级交通运行监测与协调管理的专门机构，负责省内交通业务数据的归集管理和综合应用，对全省公路网、重点水域进行运行状态的日常监测预警，可随时调看全省重点路段、重点水域的监控图像和动态监测数据，负责全省范围内的动态调度和省内重特大公路、水路突发事件的处置。

（3）下属业务局。按照单业务模式单独进行其机构所辖业务内容的日常运行监测。一般可按照高速公路管理局（以下简称"高管局"）、公路局、港航管理局（以下简称"港航局"）、运输管理局（以下简称"运管局"）等部门进行设立。

2.应用体系架构

交通运输行业运行监测系统所涉及的业务功能繁杂，为了更好地设计和开发本系统，最大限度地实现相关已有系统及组件的可重用性和可扩展性，尽量减少其他系统对本系统的影响，要以客观、实际满足业务应用需求为主导，采取面向服务的架构思想，以服务为核心，采用分层结构，以企业服务总线方式建立统一通信服务支撑平台，构造多层松散耦合的体系架构，实现公路、水路等业务功能间的无缝集成，形成统一的体系结构和完整数据链，以满足运行监测系统业务功能的集成需求。交通运输行业运行监测系统的总体架构如图4-4所示。

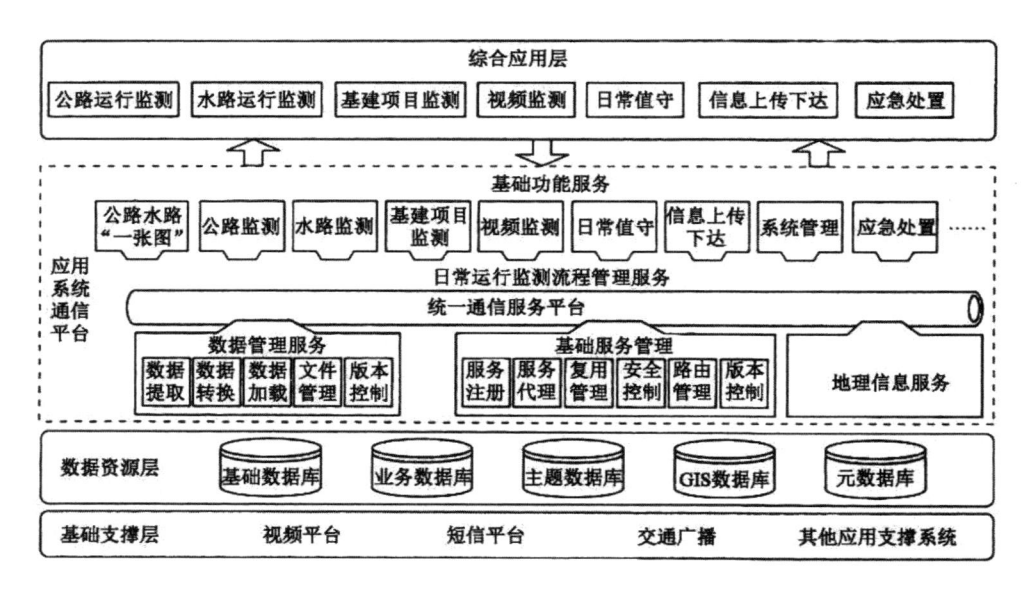

图 4-4 交通运输行业运行监测系统应用体系架构

交通运输行业运行监测系统的应用体系架构包括基础支撑层、数据资源层、应用系统通信平台、综合应用层四个层次。

（1）基础支撑层。

基础支撑层主要包括视频平台、短信平台、交通广播等。其中，视频平台用于实现对各视频的接入，短信平台支持向行业管理者和社会公众提供各类交通短信提醒业务，交通广播可实现将交通行业运行监测信息交换至合作的广播交通频道。

（2）数据资源层。

数据资源层包括基础数据库、业务数据库、主题数据库、GIS 数据库和元数据库。数据资源层通过对信息资源进行科学的分类组织，采用统一的建设规范和数据及交换标准，确保信息资源在采集、处理、传输以及分析、管理和共享的整个流程中在各应用间顺利交换，以实现知识管理和决策支持的目标，为各类综合应用系统提供了数据支撑。

（3）应用系统通信平台。

应用系统通信平台介于数据资源层和综合应用层之间，其功能是面向不同功能应用，为数据集成、应用集成和用户界面集成提供基础支撑。应用系统通信平台以服务为核心，借助其松散耦合的特性，采用分层的思想，以企业服务总线为核心，建立统一通信集成平台，构建各级系统间的无缝集成。应用系统通信平台的作用如下：

①数据管理服务：包括数据提取、数据转换、数据加载、文件管理和版本控制，提供数据相关的数据库管理服务。

②基础服务管理：提供服务注册、服务代理、复用管理、安全控制、路由管理、版本控制等。

③地理信息服务：提供交通 GIS 共享平台的接入接口，通过 GIS 共享平台提供的开发接口，将本系统的业务数据层叠加到 GIS 共享平台提供的基础数据展示层上，实现监测业务的应用。

（4）综合应用层。

通过深入分析交通运输行业公路、水路等日常运行监测的业务需求，整合、设计、开发综合应用子系统。本系统可依据业务的耦合性及功能的独立性划分为公路运行监测、水路运行监测、基建项目监测、视频监测、日常值守、信息上传下达、应急处置等。

3.系统架构实现方式

根据日常监测系统的建设特点，本系统的实现可采用图 4-5 所示方式。

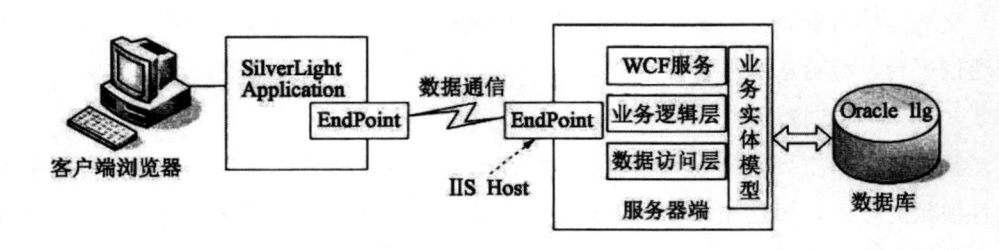

图 4-5 交通运输行业运行监测系统实现模型

系统采用 SilverLight 应用程序，SilverLight 应用程序由用户控件和样式构成。客户端通过调用服务器端的 WCF（Windows 通信开发平台）服务数据访问接口，依照服务的操作约定和数据约定，来实现各类交通运行数据在 SilverLight 程序与服务器端的远程通信。数据约定公开了服务器应用程序中的实体类结构。

在服务器的后台数据中心端，设计定义了各类数据资源供系统使用。系统采用 B/S 结构（browser/server，浏览器/服务器模式），客户端和服务器端连接采用超文本传输协议（hyper text transfer protocol, HTTP），并且 WCF 服务寄宿于 IIS（互联网信息服务）中，系统的安全性问题将考虑 WCF 服务的身份验证、授权、服务器端 Web 站点和后台数据库的安全。采用 WCF 提供的传输安全模式、消息安全模式、NET Framework 提供的加密技术，来加强系统的安全性。在本系统的建设中，为了提高访问速度，业务逻辑大部分均采用数据库的存储过程加以实现。

（二）系统流程

交通运输行业运行监测系统遵循"数据采集、日常监测、预测预警、应急处置"的主题思想进行系统流程设计。

本系统通过采集各类公路、水路、基建项目、视频等静态与动态数据，实现交通运行状况的日常监测，对重点关注的业务进行阈值设置并实现预测预警，最终实现初步的应急处置功能。系统流程如图4-6所示。

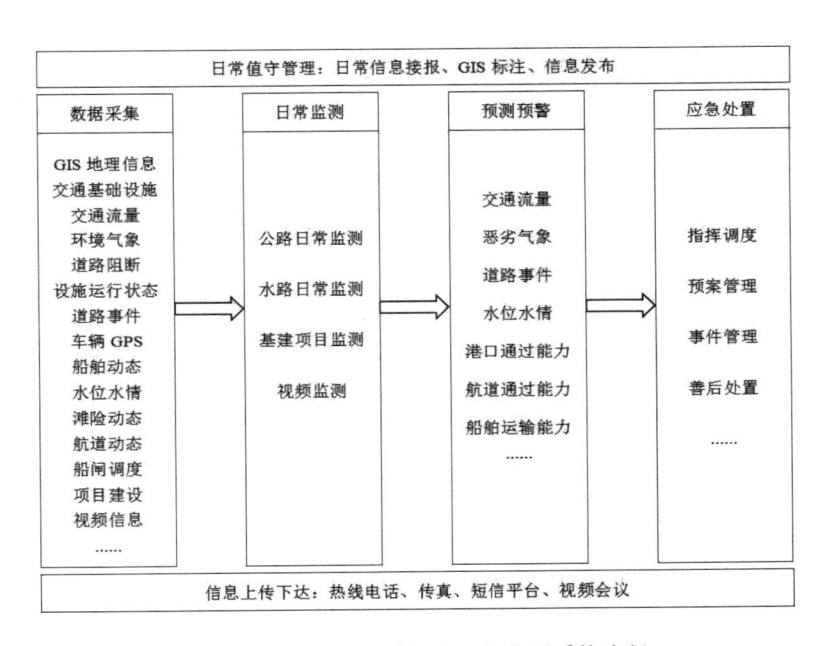

图 4-6 交通运输行业运行监测系统流程

1.数据采集

本系统采集所需的各类交通运行数据，这些数据是指以文字、语音、图像、数字等形式反映出来，通过网络传输与系统处理的、各种表明交通运行状态的内容，主要包括：GIS地理信息、交通基础设施、交通流量、环境气象、道路阻断、设施运行状态、道路事件、车辆GPS、船舶动态、水位水情、滩险动态、航道动态、船闸调度、项目建设、视频信息等。

2.日常监测

根据采集到的各类交通运行信息,完成日常监测系统功能,主要包括:公路日常监测、水路日常监测、基建项目监测、视频监测等。

3.预测预警

通过对采集的数据进行分析处理,开展路网运行态势评估、突发事件预测预警等工作,科学制定灾害性天气、饱和交通流量、港口航道日吞吐量、设计水位等公路、水路运行预报预警内容和级别,并提供公路、水路运行趋势预报和特定区域内公路、水路运行中短期预测预警服务。

4.应急处置

开展公路及水路运行统筹调度、交通组织和疏导、应急抢修保通等事项的组织与协调工作,具备重特大公路及水路突发事件信息的获取和汇总、预案组织管理、抢通方案制定、协调调度指挥、应急资源调配等应急处置功能。

(三)系统接口

1.内部接口

运行监测系统与各相关系统的内部接口如图4-7所示。

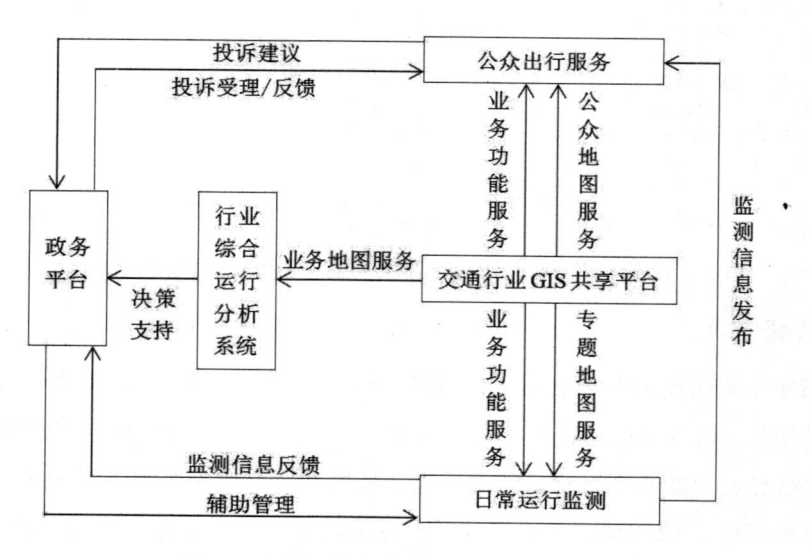

图4-7 交通运输行业运行监测系统内部接口

（1）日常运行监测与政务平台接口。

日常运行监测系统将公路、水路等的运行状态信息、基建项目信息反馈至政务平台，便于政务平台各类用户能及时掌握交通行业运行信息。同时日常运行监测系统也接受政务平台相关修正、质询等辅助管理信息。

（2）日常运行监测与公众出行服务接口。

日常运行监测系统将公路、水路运行状态信息、判定出的异常信息等发布到公众出行服务系统（以多种形式发布），常见信息如高速公路/国省干线的阻断施工信息、航道/水位公告等自动更新发布，重大及紧急事件及应急处置、疏散指导措施等也以公告形式发布。

（3）其他接口说明。

①本系统将运用资源整合平台的数据进行查询分析和日常运行监测，主要通过数据库访问的方式实现。

②本系统与其他业务类系统通过信息交换共享平台作为纽带，建立互联互通的信息通道。可由现有业务系统提供 Web Service 调用接口。本系统与交通运输管理机构的门户网站可通过相应的接口，实现单点登录。通信接口包括 TCP/IP（传输控制协议/网际协议）接口、SMS（短信息服务）接口、视频控制接口、视频显示接口等。

2. 外部接口

日常运行监测系统提供 Web Service 服务接口给中间服务提供商，采用 Web RPC（远程过程调用）方式，将部分二次开发的信息开放给用户。

3. 数据接口

交通运输行业运行监测系统所需数据主要源于数据中心。

本系统涉及的业务数据资源信息梳理如表 4-2 所示。

表 4-2 交通运输行业运行监测系统数据需求

序号	数据对象	数据信息
1	基本地理信息	行政区划信息、乡镇以上行政机构所在地信息、主要河流及水域信息、山脉信息、旅游景点信息等
2	交通基础地理信息	高速公路信息、普通公路信息、公路附属设施信息、桥梁信息、隧道信息、运输站点信息、机场信息、口岸信息、港口码头信息等
3	路线基本信息	线路代码、名称、起止桩号、里程等

续表

序号	数据对象	数据信息
4	路面基本信息	路面路况、路面抗滑情况、路面铺装情况、路面弯沉情况等
5	桥梁基本信息	桥梁代码、名称、性质、类别、总长、宽度、通航等级、建筑面积、桥墩类型、抗震等
6	隧道基本信息	隧道代码、名称、性质、类别、总长、宽度、通航等级、建筑面积等
7	涵洞基本信息	涵洞代码、名称、性质、类别、总长、宽度、建筑面积等
8	定位控制点信息	里程桩、基准点、主控点、参照点等定位控制点基本信息
9	路口属性信息	道口、交叉口等属性信息
10	公路沿线设施信息	交通标志、标线、交通信号灯、安全设施等信息
11	收费公路基本信息	路线、路段、区间、道路附属设施、收费管理设施、公路桥梁、公路隧道、建设资金信息、收费标准等
12	公路收费点信息	收费站代码、收费站类型、收费站桩号、收费站位置、收费性质等
13	公路服务设施信息	停车场、服务区、维修厂、医院、加油站等沿线设施信息
14	航段地理位置	航段所在区、航段所在地市、航段所在县、起点名称、分界点类别、终点名称等
15	航道和航段基本情况	是否为界河航段，是否有分叉辅航段，是否有主要浅滩航段里程，是否有瓶颈区段，是否为重复航段；航道水深、航道宽度、最小弯曲半径、现状技术等级、航段属性等
16	航段辅助信息	航道管理机构的名称、所在行政区域航段、是否通航、最低通航水位保证率、是否为专用航道、航段维护类别、航标配布类别、重点航标配布、是否为季节性航道航段、代表船型编码、航段代表船队编码、航段海船代表船型等
17	航道险滩信息	滩险名称、所属河流、所属航道处、位置、滩长、枯水河面宽、河床底质、平均洪水坡降、最大洪水坡降、平均枯水坡降、最大枯水坡降、航深、航宽、最小曲率半径、枯水最大表面流速、碍航性质、滩头水尺编号、滩头水尺水位、滩中水尺编号、滩中水尺水位、滩尾水尺编号、滩尾水尺水位、设计流量等
18	港口基本信息	港口名称、港口所在行政区划、港口所在地海区、港口所在港湾、港口行政管理部门等
19	码头基本信息	码头所属港区、码头名称、码头用途、码头设计货物吞吐量（万吨）、码头设计旅客吞吐量（万人）、码头年货物通过能力（万吨）、码头年旅客通过能力（万人），码头年集装箱通过能力（万TEU），码头前沿设计

续表

序号	数据对象	数据信息
		水深（米）等
20	泊位基本信息	泊位所属码头、港口经营人名称、泊位名称、泊位用途、专业化泊位分类、设计靠泊能力（吨级）、核查靠泊能力（吨级）等
21	航线信息	航线名称、类型（内、外贸）、经营公司、航线、航班、运力（TEU）等
22	港口经营人信息	港口经营人名称、单位主要负责人、联系人、联系电话、E-mail、传真、注册地址、办公地址、法定代表人、经营地域、生产经营范围、港口经营许可证编号、发证日期、许可证有效期、发证机关等
23	船舶信息	船舶识别号、识别号生成时间、中文船名、曾用中文船名、曾用英文船名、船舶呼号、IMO编号、航区代码、船籍港代码、初次登记号、船舶种类、船体颜色、船舶建造日期、造船厂名称、造船厂英文名称、船舶建成日期、船舶总长、船舶型宽、船舶型深、船舶总吨、船舶净吨、船舶载重吨、船舶主机种类代码、船舶主机数量、船舶主机功率、船籍代码、船速、乘客定额等
24	基建项目基础信息	项目名称、所在地区、建设地址、建设类别代码、建设性质代码、建设依据、建设单位、项目类别代码、道路类型代码、建设规模（高速公路、一级公路、二级公路、三级公路、四级公路、桥梁隧道）、建设年限（开工年、完工年）、项目级别代码、计划下达机关、计划下达文号、计划开工日期、实际开工日期、计划完工日期、实际完工日期、工程估算额度、工程概算额、工程预算额、工程决算额、财务决算额、地方自筹资金落实情况、可研进展、环评进展、水土保持进展、用地预审进展、地灾进展、压矿进展、银行贷款承诺进展、项目选址进展、初步设计进展、施工图设计进展、文物（初设阶段开始）进展、林地审批（初设阶段开始）、建设单位、备注等
25	项目资金来源情况	年度/计划总投资、中央投资（燃油税中央专项支付资金）、国家预算内资金、部专项资金、专项资金、国内贷款、利用外资、地方自筹、企事业单位资金、社会资金、未安排投资规模、计划年度数等
26	项目资金使用情况	建设安装费用、直接费、直接工程费、间接费、规费、企业管理费、利润、税金、购置费、工程建设其他费用、预备费、工程建设监理费、工程质量监督费、前期工程费、勘察设计费、研究试验费等
27	项目资金建设进度	月份/年度/本期投资情况、主要建设内容、本期形象进度、本期建设存在问题等
28	公路、水路基础设施静态信息	公路/水路/铁路/高速公路出入口、收费站、加油站、停车场、服务区、车辆维修站（名称、详细地址、主修车型、特约维修车型、维修能力、维

续表

序号	数据对象	数据信息
		修价格、联系电话、24小时救援电话、类别、地区等详细信息）、客运站、货运站、港口、航道、险滩等信息
29	公路阻断信息	线路名称、线路编号、阻断（事件）位置、起止桩号、行政区划、管理单位、发现时间、预计恢复时间、现场情况描述、阻断原因、处置措施、实际恢复通车（事件结束）时间等
30	公路养护信息	养护计划信息、养护进展信息、各类里程信息、道路桥梁隧道养护信息、旧路改建变更信息、危桥改造信息、干线公路灾害防治情况信息等
31	公路交通量信息	年均日交通量折算值、大型货车绝对值、中型货车绝对值、小型货车绝对值、大型客车绝对值、中型客车绝对值、小型客车绝对值、通行速度等
32	公路事件信息	车辆停驶、遗洒物、车辆慢行、塌方、落石、路面覆盖等异常事件
33	气象信息	风况、气温、降水、雾、能见度等
34	船舶监控信息	船舶ID、船名、定位时间、经度、纬度、航向、发送状态、类型、周期、转向速率、船舶状态、协调世界时（coordinated universal time,UTC）、数据来源等
35	水位水情信息	记录日期、水位站编号、水位、记录时间、涨落情况、趋势、与设计水位相差、所选水尺、水尺读数等
36	航道公告信息	通告日期、河流的名称、所属航道处、航道编号、公告信息（如断航、碍航）等
37	滩险公告信息	滩险ID、记录时间、航道水深（左、中、右）、航道宽度、所属航道站、异常发现（探测/扫床）、处理情况、是否撤销异常等
38	船舶上行、下行调度信息	调度编号、闸室编号、上闸开门时间、下闸开门时间、船舶登记、船舶名称、操作员、船舶进闸添加信息时间、调度结束时间、上游水位、下游水位等
39	视频信息	非结构化数据

（四）系统建设任务

交通运输行业运行监测系统主要是在全面整合公路、水路日常运行信息资源的基础上，着力开展综合交通运行监测，动态监测交通运输行业各项指标变化和交通发展态势，具备日常值守、信息传输、预警提示、日常状态监测、视频监测、综合分析、初步应急处置等功能。

交通运输行业运行监测系统主要实现以下功能：公路运行监测、水路运行监测、基建项目监测、视频监测、日常值守、信息上传下达、应急处置。

根据行业管理的需要，本系统采用用户权限管理策略，可灵活、方便定制各用户功能模块及功能范围。

二、交通运输行业运行监测系统监测与预警——以公路运输为例

（一）监测与预警内容

1.监测内容

通过对路段的道路施工、阻断信息、气象信息、交通量、信息采集设备等信息进行采集、处理、分析，实现路网运行状态监测、重点路段实时速度及路况阻断信息预警等。通过对多种业务数据关联性的挖掘、分析，从不同角度反映路网运行的综合状态。

公路监测的内容包括公路网运行状态监测、设施运行情况监测、公路交通突发事件监测、路政与养护监测、公路通行费情况监测等几个方面。

2.预警内容

涉及公路交通突发事件的预警及相关信息包括：

（1）气象监测、预测、预警信息，包括：每日24小时全国降水实况图及图示最严重区域降水、温度、湿度等气象监测要素的平均值和最大值，72小时内短时天气预报、重大交通事件（包括黄金周、大型活动等常规及各类突发交通事件）、天气中期趋势预报、气象灾害集中时期（汛期、冬季等）天气长期态势预报，各类气象灾害周期预警信息专报（包括主要气象灾害周期的天气类型、预计发生时间、预计持续时间、影响范围、预计强度等）和气象主管部门已发布的台风、暴雨、雪灾、大雾、沙尘暴预警信息，等等。

（2）强地震（烈度5.0以上）监测信息，包括：地震强度、震中位置、预计持续时间、已经和预计影响范围、预计受灾人口与直接经济损失、预计紧急救援物资运输途经公路线路和需交通运输主管部门配合的运力需求等。

（3）突发地质灾害监测、预测信息。突发地质灾害监测信息包括突发地质灾害发

生时间、发生地点、强度、预计持续时间，受影响道路名称与位置，受灾人口数量，需疏散（转移）人口的出发地、目的地、途经公路路线和需交通运输主管部门配合的运力需求等。突发地质灾害预测信息包括突发地质灾害预报的等级、发生时间、发生地点、预计持续时间、预计影响范围等。

（4）洪水、堤防决口与库区垮坝信息。洪水信息包括：洪水的等级、发生流域、发生时间、洪峰高度和当前位置，泄洪区位置，已经和预计影响区域，预计受灾人口与直接经济损失数量，需疏散（转移）人口的数量、出发地、目的地、途经路线、需交通运输主管部门配合的运力需求等。堤防决口与库区垮坝信息包括：堤防决口与库区垮坝的发生时间、发生地点、已经和预计影响区域、预计受灾人口与直接经济损失数量，需疏散（转移）的人口数量、出发地、目的地、途经路线、需交通运输主管部门配合的运力需求等。

（5）海啸灾害预测预警信息，包括：风暴潮、海啸灾害预计发生时间、预计影响区域、预计受灾人口与直接经济损失、预计紧急救援物资、人口疏散运输的运力要求和途经公路线路等。

（6）重大突发公共卫生事件信息，包括：突发疾病的名称、发现事件、发现地点、传播渠道、当前死亡和感染人数、预计受影响人数、需隔离和疏散（转移）的人口数量，该疾病对公路交通运输的特殊处理要求，紧急卫生和救援物资运输途经公路线路，需交通运输主管部门配合的公路干线、枢纽交通管理手段和运力需求，等等。

（7）环境污染事件影响信息，包括：危险化学品（含剧毒品）运输泄漏事件的危险品类型、泄漏原因、扩散形式、发生时间、发生地点、所在路段名称和位置、影响范围、影响人口数量和经济损失、预计清理恢复时间、应急救援车辆途经公路路线，因环境事件需疏散（转移）群众的原因、疏散（转移）人口数量、疏散（转移）时间、出发地、目的地、途经路线、需交通运输主管部门配合的运力需求，等等。

（8）重大恶性交通事故影响信息，包括：重大恶性交通事故的原因、发生时间、发生地点、已造成道路中断、阻塞情况、已造成道路设施直接损失情况、预计处理恢复时间。

（9）因市场商品短缺及物价大幅波动引发的紧急物资运输信息，包括：运输物资的种类、数量、来源地和目的地、途经路线、运载条件要求、运输时间要求等。

（10）公路损毁、中断、阻塞信息和重要客运枢纽旅客滞留信息。公路损毁、中断、阻塞信息包括：公路损毁、中断、阻塞的原因、发生时间、起止位置和桩号、预计恢复时间、已造成道路基础设施直接损失、已滞留和积压的车辆数量和排队长度、已采取的应急管理措施、绕行路线等。重要客运枢纽旅客滞留信息包括：重要客运枢纽车辆积压、旅客滞留的原因、发生时间、当前滞留人数和积压车辆数及其变化趋势、站内运力情况、应急运力储备与使用情况、已采取的应急管理措施等。

（11）其他信息，指其他需要交通运输部门提供应急保障的紧急事件信息。

（二）公路网运行状态监测

基于交通 GIS 共享平台，在公路专题图中通过对路况的交通量、平均车速、车流密度、能见度、气象等路况信息进行监控，及时发现路网运行异常情况。同时可以与历史的同期数据进行比对，为下一步工作决策提供信息服务。

1.公路网交通流量监测

公路网交通流量监测包括普通公路、高速公路收费站断面交通流量，普通公路、高速公路交通量观测站点流量，高速公路货车流量及车货总重，高速公路起讫点流量状态，等等。

2.车辆速度监测

车辆速度监测指实测公路沿线及节点的地点速度（含方向），以及某段路程的平均速度等。

3.环境监测数据

环境监测数据主要包括公路沿线及节点的气象环境数据，如能见度、大气温湿度、降水、风速、路面温度及结冰、积雪状况等。

4.环境共享信息

环境共享信息主要包括与气象等部门共享交换的一般气象监测与预报信息、公路气象预报预警信息、地质灾害预报预警信息等各类环境信息。

公路网运行状态监测的流程如图 4-8 所示。

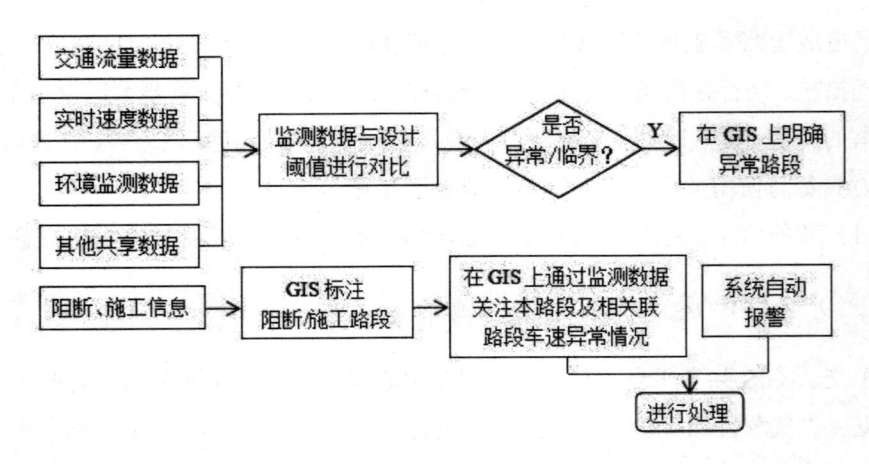

图 4-8 公路网运行状态监测流程

路网综合运行状态监测采用路网综合运行分析技术与多源交通流信息融合技术，在完成数据融合后获得的各类交通流参数的基础上，根据全省的高速公路、高速公路与城市主要出入口、国省道、城市快速路和主干道上的平均车速等，对路网进行动态路段划分，进而根据路段的畅通状况，把路段划为不同等级，从而得到对路网的实时运行状况的综合评价。

第五章 交通运输行业公众出行信息服务系统

第一节 交通运输行业公众出行信息服务系统的任务、需求及服务对象

交通运输行业公众出行信息服务系统是交通信息资源整合与服务体系的应用系统之一。它的任务是充分利用已有资源，建设覆盖省（自治区、直辖市）交通运输管理机构所辖地域、进行扩展乃至形成全国交通运输行业统一的公众出行信息服务系统。交通运输行业公众出行信息服务系统多通过网站、呼叫中心、广播、短信平台等，为不同出行人群提供交通行业基础设施静态信息、公路及水路路况动态信息、客运票务信息、车辆维修救援信息、交通旅游信息、交通气象信息等实用的综合信息服务，全面提升全省（自治区、直辖市）交通行业面向社会公众的综合信息服务能力。

一、系统任务

交通运输行业公众出行信息服务系统的任务主要包括以下四个方面：

第一，深化完善省域公路交通出行信息服务系统，积极推动跨区域交通出行信息的交换共享。具体为：依托路网监测监控系统，完善路况、养护施工、交通管制、气象等实时信息服务，并在完善网站、服务热线、交通广播、短信平台等服务方式的基础上，充分利用路上固定和移动式可变情报板、服务区显示终端、车载终端等服务手段，为公路出行者提供覆盖高速公路和国省干线普通公路的出行信息服务；引导开展省域、跨省

域客运售票联网和电子客票系统建设，以网上购票和电话购票等多种形式，方便出行者购票，并为长途客运乘客提供相关信息服务；引导建设机动车维修救援信息服务网络，为驾车出行者提供救援信息服务。

第二，建设内河航运综合信息服务系统，依托海事、航道和运政管理信息系统，完善航道状况、水位水情、水上水下施工、交通管制、水文气象等信息服务，并利用网站、呼叫中心、航行广播、短信平台等多种服务方式在内河干线和重要水网地区为通航船舶提供航行信息服务。进一步完善水路客运出行信息服务系统建设，在重点水域引导开展客运售票联网和电子客票系统建设。

第三，市级以上城市加快建设覆盖城乡的公共交通信息服务系统，积极推进动态车载导航系统的研发与产业化应用试点的开展，鼓励开展汽车租赁网络化信息服务系统建设。

第四，建设以全国统一特服号、统一交通广播频率为特征，提供有机衔接的多种服务手段，并覆盖国家高速公路、重要普通国/省干线及广大城乡地区的交通出行信息服务体系，鼓励和引导社会力量广泛参与，推动交通出行信息服务产业的健康发展，方便百姓安全、便捷地出行。

二、系统需求

如今，人民群众对交通出行的要求越来越高。交通运输行业应持续提升和改善服务。

根据公众公路出行的特点可知，多方式、动态、可靠、高效的交通出行信息服务将是信息系统建设的重要目标。公众公路出行信息的主要需求如表 5-1 所示。

表 5-1 公众公路出行信息需求表

需求类型	需求内容
路网基础资料查询	公路基本属性信息（包括公路名称、编号、起终点、里程、行政等级、技术等级、车道数、出入口设置情况、分隔情况等），公路路桥收费信息，货运车辆限行信息等，互通立交行驶信息，服务区信息
公路交通气象信息查询	市域范围内主要公路的气象相关信息，包括雨、雪、雾、风等级等相应信息

续表

需求类型	需求内容
公路事件信息发布	交通事件时间、地点、类型等，事故区域周边路网路况及交通状态，紧急状态时的路径规划与绕行建议，接入路网相关事件报警信息
公路路径查询	通过输入公路起终点，按照距离最短、时间最短等原则生成可行的通行路径
其他需求	出行路径规划信息、施工路段相关信息、公路交通救援信息、在途路线诱导信息等

三、系统的服务对象

公众出行服务系统的服务对象是公众，而本书所指的服务对象的范围更宽泛，不仅包括各类有出行需求的社会公众，同时还包括直接向社会公众提供信息的服务商或公益团体、运输及其相关企业等。

（一）有出行需求的社会公众

1.自驾车出行者

自驾车出行者对线路和出行时间的选择很随机，他们更关注节省行驶时间、行驶里程、通行费等出行成本。自驾车出行者需要的信息可分为出行前需要的信息、出行中需要的信息。

（1）出行前需要的信息。

①基于道路信息的出行路径信息：人们可以通过输入出行起点和终点，规划出行路径，该信息可以为人们的出行提供出行路径优化方案及备选方案。

②路况信息：公路是否畅通、是否有重大事故、交通诱导以及高速路是否会因天气或其他原因封闭等信息。

③气象信息：根据气象信息，人们可以判断天气状况是否对出行有影响。

④救援信息：事故处理、路政管理、拖车服务、车辆救援、医疗急救、消防等机构的联系方式、业务范围、服务方式、具体地点等信息。

⑤高速公路、快速路出入口信息：高速公路、城市快速路的出入口设置情况，如出入口类别、位置、前往方向、通行规定等。

⑥立交桥信息：指定立交桥的类型、匝道设置情况、允许的行车方向、行驶路线与绕行方式、转向限制、邻近出入口的设置情况等信息。

⑦道路属性信息：指定道路（包括城市道路、普通公路、高速公路、城市快速路）的各类属性信息。

⑧道路施工信息：根据此信息人们可以调整出行路线，避免施工对出行造成影响。

⑨路桥收费信息：道路和桥梁收费站的数量、位置、收费方式、收费标准等信息。

⑩沿途旅游景区信息：途经旅游景区地址，距起点里程，景区简介等信息。

（2）出行中需要的信息。

①当前路况信息：当前路网通行状况信息，如是否拥堵、是否有重大事故，交通诱导以及高速路是否会因天气或其他原因封闭等信息。

②加油站信息：当前位置附近的加油站位置、规模、油品种类、营业时间等信息。

③车辆维修站、检测场信息：当前位置附近的车辆维修站的位置、等级、规模、经营项目、营业时间等信息，以及车辆检测场信息。

④停车信息：目的地区域内的停车场位置、容量、营业时间和收费情况等信息。

⑤目的地旅游景区信息：目的地旅游景区地址、景区简介等信息。

2.乘坐长途客运车辆出行者

对于乘坐长途客运汽车的出行者，其在出行前、出行中需要的信息内容也不同。

（1）出行前需要的信息。

①长途客运场站信息：全省各主要城市长途汽车场站的分布情况、位置信息、基本情况，以及各场站到发的长途客运线路信息。

②长途客运线路信息：全省运营的长途线路信息，包括每条线路的始发站、终点站、途经站、全程用时等信息。

③长途客运票务信息：全省长途客运站的联网售票系统所提供的长途线路的票价、售票方式、售票地点、车票发售的实时情况等信息。

④长途客运乘车规定信息：长途客运的乘车规定信息，如携带物品属性、体积、重量限制等。

⑤长途汽车临时变更信息：各长途客运场站因客流量变化、特殊事件、道路施工等，增加和取消的线路及班次信息，以及因各种原因造成的线路临时变更信息。

⑥长途客运场站附近城市公交设施信息：长途场站附近可换乘的公交线路、轨道交通站点、出租车上下站与停靠站等信息。

⑦到达地旅游景区信息：旅游景区地址、距到达地里程、景区简介等信息。

⑧气象信息：沿途及目的地的气象信息。

（2）出行中需要的信息。

①当前目的地的距离和预计到达时间。

②到达前需要的信息：终点站附近的公交换乘信息、住宿信息、旅游景点、餐饮娱乐等信息。

3.其他交通方式（火车、飞机、轮船等）出行者

乘坐火车、飞机、轮船的出行者在出行前后需要的信息：

（1）基本信息。

所在城市的火车站、机场、码头等的地理位置信息，抵达机场、火车站、码头的方法，航班、火车、轮船的时刻表。

（2）换乘信息。

机场、火车站、码头附近的公交线路及站位、轨道交通站点、出租车上下站与停靠站等信息，以及前往其他火车站、主要长途客运站、民航机场和主要旅游景点等的最佳路径。

（3）公众需要了解的信息。

①政务公开信息：一般性政务信息及公众关心的业务信息和法规。

②便民信息：交通行业从业许可及资质申请流程信息、指南信息，提供各类许可的申请材料和表格的下载。

（二）出行信息服务商或公益团体

出行信息服务商或公益团体是以提供各类出行服务信息为主要目的的机构，它们利用自身特有的信息发布方式或对出行信息进行加工后向公众提供有偿或无偿的信息服务。它们的数据需求与公众类似，但广度更大，除政府部门提供的信息外，它们还能通过其他方式得到其他交通信息，如通过车载终端或手持设备采集的交通实时信息、公众上传的各种信息、各类救援企业信息、各类养护企业信息、各类公安交通管理部门信息、公众用户个性化信息等。

（三）运输及其相关企业

1.旅行社

旅行社的主要业务是开辟各类旅游线路，并将游客组织为团队，集体出游。为了降低成本，他们需要准确了解各类交通工具的票务信息，并尽可能获得团体票价。

2.客货运输公司

客货运输公司需要对出行车辆加强管理，如对车辆的跟踪等。还需要运输路径规划服务，如规划距离最短路径、资费最少路径、时间最少路径等。路径沿途的安全性、舒适性也是它们的考虑因素，因此还需要了解沿途的道路状况、应急设施等信息。

3.公交调度中心

公交调度中心需要了解公交车辆目前的分布情况，以及实际的出行情况，以进行合理有效的调度。此外，还需要了解是否有公交车发生交通事故，以便提醒随后的公交车驾驶员绕道行驶，并且督促下一班车加快行驶，保证公交服务质量。

4.出租车调度中心

为了满足电话叫车用户的需要，出租车调度中心需要了解出租车目前的分布情况、空驶/载客情况等，以实现智能化调度。

5.应急部门

应急部门如安全、救护、消防、维修等机构，需要了解紧急事件发生的地点、性质、严重程度等信息，作为启动应急预案的依据。

第二节 交通运输行业公众出行信息服务系统的结构、流程、接口与建设任务

一、系统结构

（一）系统总体结构

从交通数据的采集、处理、发布的流程角度来讲，公众出行信息服务系统主要包括交通数据采集与接入、通信网络、交通数据处理中心、交通信息发布四部分。交通数据采集与接入是系统的数据基础；通信网络为系统数据传递和信息发布提供了网络平台；交通数据处理中心是系统的枢纽，负责采集与接入数据的初步处理、存储及数据的深层次分析，并生成可面向用户发布的交通信息；交通信息发布为用户提供多种获取交通信息的方式，通过这些方式，不同出行者可以在出行前、出行中获得各类交通信息服务，并可在出行后通过网站、呼叫中心等手段进行投诉和意见反馈。交通运输行业公众出行信息服务系统的总体结构如图 5-1 所示。

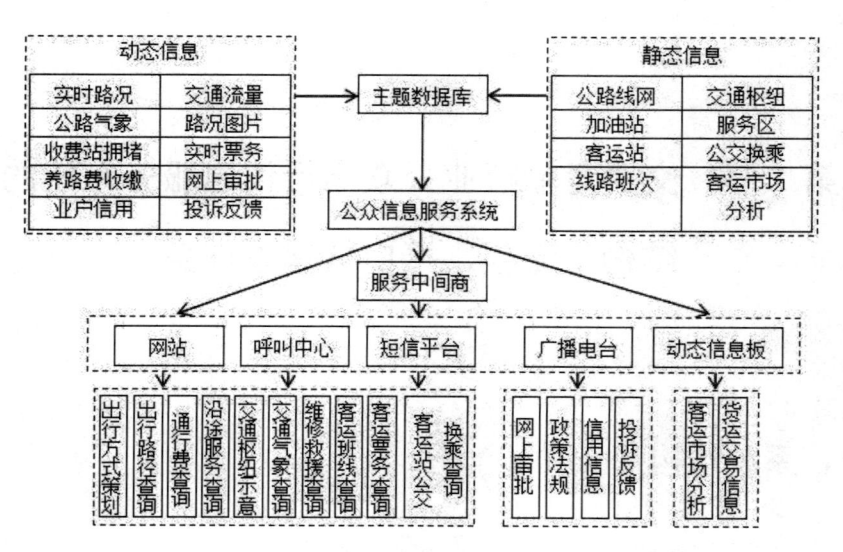

图 5-1 交通运输行业公众出行信息服务系统总体结构

（二）系统的逻辑架构

交通运输行业公众出行信息服务系统的建设包含较多子系统的构建，如公众出行交通服务热线建设、公众出行门户网站建设、短信平台建设等，涉及大量应用系统的开发。这些系统的逻辑架构是以 XML Web 服务和中间件为核心技术，以信息处理为基础、信息服务为目的形成的层次化的结构，如图 5-2 所示。

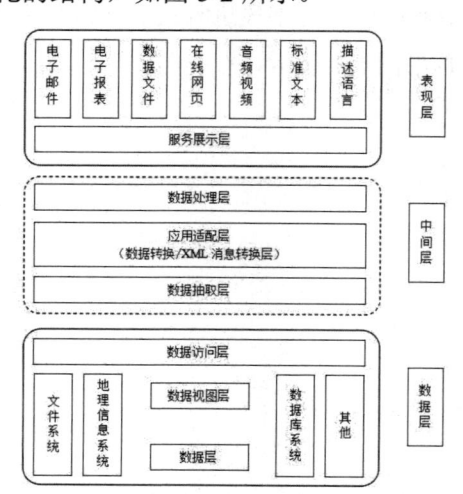

图 5-2 交通运输行业公众出行信息服务系统逻辑架构

从图 5-2 可以看出，系统的逻辑架构是一个分层次的模型，自下而上可以分为三个层次，分别为数据层、中间层和表现层，其中数据整合集中在中间层。在这个架构中，下一层为上一层提供服务，上一层调用下一层提供的服务。这种分层的架构有利于系统的设计、开发和部署，也保证了系统的稳定性、可用性和可扩展性，降低了系统应用之间的耦合程度，以适应业务不断扩展和变化的需要。从另一个角度来说，这是从系统的整体来考虑的。

1.数据层

数据层的数据库操作模块可对数据库中的相关业务数据执行查询、添加、修改、删除等操作。此外，数据层还为业务层提供数据基础。

2.中间层

中间层又称业务层，包括业务相关模块和接口服务。业务相关模块主要包括业务流程、业务组件和业务实体；接口服务主要包括 WCF 内部接口和 WCF 外部接口，其中 WCF 内部接口为公众出行网站提供数据，WCF 外部接口根据需求分析为其他使用人员提供数据。

3.表现层

表现层负责与用户进行交互，包括界面组件和处理组件，多以公众出行服务网站的形式展现。

二、系统的数据流程

我们可以从系统的数据流程入手，分析出行者、展示平台、共享数据库和数据源的数据流关系，说明数据流在系统中的采集、处理、存储、利用的全过程。系统数据流程如图 5-3 所示。

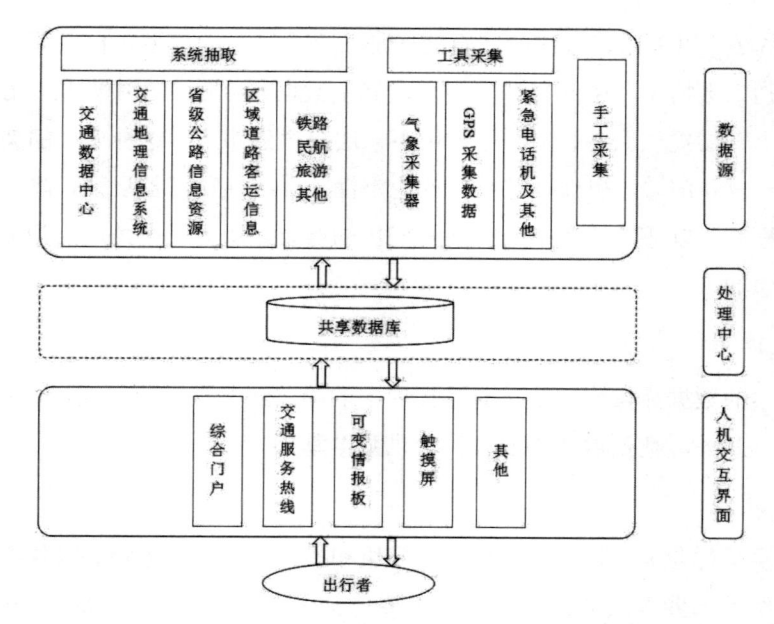

图 5-3 交通运输行业公众出行信息服务系统数据流程

（一）由出行者发起，到出行者结束

出行者向人机交互界面即系统信息展示平台发送查询条件或交通原始数据信息；系统信息展示平台与共享数据库发生数据交互，将所收到的信息提供给共享数据库；共享数据库将数据处理结果信息提供给系统信息展示平台；系统信息展示平台给出行者提供服务信息。

（二）由共享数据库发起，到出行者结束

共享数据库将处理好的服务信息提供给系统信息展示平台，系统信息展示平台给出行者提供服务信息。

（三）由被抽取的业务系统发起，到业务系统结束

业务系统向系统抽取平台发送抽取数据或系统交换的访问申请信息；系统抽取平台与共享数据库发生数据交互，将收到的信息提供给共享数据库；共享数据库将处理结果信息提供给系统抽取平台；系统抽取平台给业务系统提供系统交换结果或应答信息。

（四）由采集终端发起，到共享数据库结束

采集终端将采集到的原始交通信息提供给系统采集平台；系统采集平台对收到的原始交通信息进行清洗、加工、处理后，提供给共享数据库。

（五）由共享数据库发起，到采集终端结束

共享数据库通过信息采集平台向采集终端发送控制指令、应答指令信息。

综上所述，系统的数据流程实际上是由出行者—公众出行信息服务系统—出行者、业务系统—公众出行信息服务系统—业务系统、采集终端—公众出行信息服务系统—采集终端这三套闭环组成的，且它们互有交叉。

三、系统接口

交通运输行业公众出行信息服务系统接口包括系统内部与其他应用系统之间的内部接口和对外采集、提供数据的外部接口两部分，此外在内部接口和外部接口基础上，为公众出行信息服务系统与行业内部和外部部门相关系统提供数据接口。

（一）内部接口

交通信息资源是公众服务的基础，而公众出行系统和其他各种交通管理、处置、办公等业务系统也是交通信息资源的重要信息来源，因此完善的系统内部接口不仅能丰富交通信息资源，还能为公众服务系统提供可靠、及时的数据支撑。如图5-4所示，公众服务系统、交通各类业务系统的接口主要包括以下几部分：

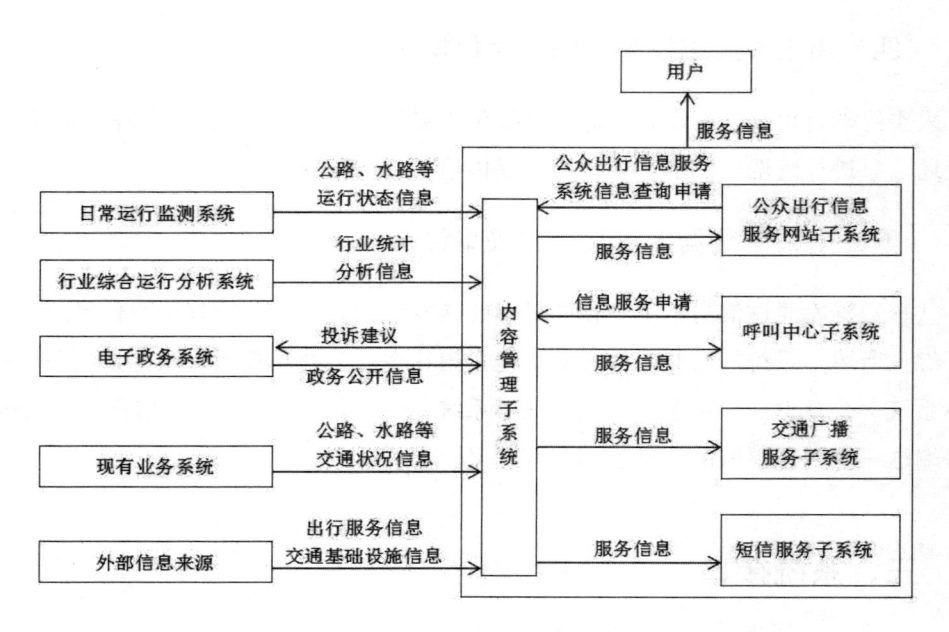

图 5-4 交通运输行业公众出行信息服务系统内部接口

1. 日常运行监测系统

日常运行监测系统将公路及水路等运行状态信息、水位水情信息、航道公告信息、公路阻断信息、交通量信息、路况信息等输入公众出行信息服务系统的内容管理子系统，将交通状况动态信息通过网站、呼叫中心、交通广播、短信平台等发送给用户。

2. 电子政务系统

电子政务系统主要将政务公开信息、通知公告信息、政策法规等信息通过内容管理子系统审核处理后，再通过出行信息服务网站发布给公众。

3. 现有业务系统

现有业务系统将出行基本信息、水位水情信息、公路通阻信息、公路养护信息、交通状况信息、实时监控信息、运政稽查信息、行政执法信息、交通量信息等输入公众出行信息服务系统的内容管理子系统，经过信息审核、信息分析处理，形成公众需求的格式，然后通过网站、呼叫中心、交通广播、短信平台予以发布。

4. 外部信息来源

外部信息来源主要指数据中心和其他一些相关部门，它们将出行基本信息、行政执法信息、交通出行服务信息、交通基础设施信息、气象信息、其他便民信息等输入公众出行信息服务系统的内容管理子系统，经过信息审核、信息分析处理，形成公众需求的格式后，通过网站、呼叫中心、交通广播、短信平台予以发布。

（二）外部接口

公众出行信息服务系统提供 Web Service 服务接口给中间服务提供商，采用 Web RPC 方式，将部分需要二次开发的信息开放给用户，可以供用户在自己的平台上进行二次开发。

（三）数据接口

数据接口的建设目标是设计公众出行信息服务系统与行业内部和外部部门相关系统的数据接口，为信息服务系统提供数据支持，满足公众出行信息服务的数据需求，同时向外部提供信息服务接口。数据接口包括与交通管理部门内部以及气象局、铁路、民航、旅行社等外部相关部门的数据接口，涵盖路况与服务设施、路况与气象、旅游景点、酒店餐饮、政府公示、行业动态等多种信息的公众出行信息服务数据库。以上信息将通过数据中心获取。

1.与省（自治区、直辖市）交通运输管理机构职权范围内的业务系统接口

（1）与日常运行监测系统的接口由日常运行监测系统提供 Web 地图服务，在本系统中通过 FLEX（快速词法分析器生成器）、AJAX（异步 JavaScript 和 XML）的方式调用。

（2）与现有业务系统的接口可由现有业务系统提供的 Web Service 调用。

2.与非省（自治区、直辖市）交通运输管理机构职权范围内的业务系统接口

与各大酒店及特色餐饮服务机构、铁路机构、民航机构、气象部门等合作获得的信息，都是通过内容管理功能直接导入公众出行信息服务系统的。

四、系统建设任务

公众出行信息服务系统建设任务将根据省（自治区、直辖市）交通运输管理机构已有的出行信息服务系统情况、数据资源整合情况及公众需求情况综合确定。因实际情况不同，各省（自治区、直辖市）公众出行信息服务系统的实际建设任务有所差别。

第三节　交通运输行业
公众出行信息服务系统各子系统介绍

交通运输行业公众出行信息服务系统一般包括以下几个部分：内容管理子系统、公众出行信息服务网站子系统、呼叫中心子系统、交通广播服务子系统、短信服务子系统。本节主要对前三个子系统进行简要论述。

一、内容管理子系统

内容管理子系统是构建交通运输行业公众出行信息服务系统的基础，是提供公众出行交通信息服务的前提条件。内容管理子系统建设的主要内容包括数据采集、数据处理与分析挖掘、信息发布等功能。同时，为了确保省（自治区、直辖市）交通运输管理机构外网门户和公众出行信息服务系统信息的一致性和同步性，交通运输行业公众出行信息服务系统应有按规定格式转发至省（自治区、直辖市）交通运输管理机构外网门户的功能。

如图5-5所示，内容管理子系统包括数据采集、数据处理与分析挖掘、内容管理、信息查询分析管理、地理信息管理、系统管理、信息发布等模块。

第五章 交通运输行业公众出行信息服务系统

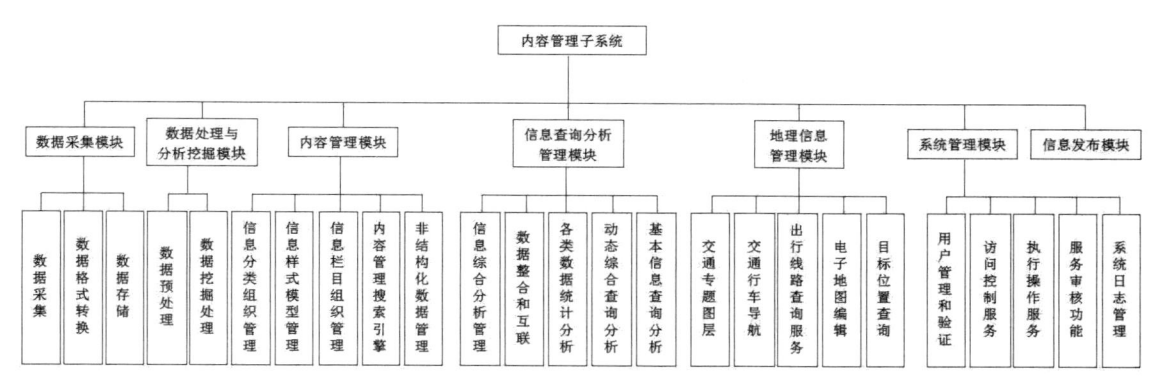

图 5-5 内容管理子系统功能模块划分

（一）数据采集模块

该模块由数据采集、数据格式转换及数据存储等子模块组成。数据内容涵盖公路及水路静态、动态数据，同时提供其他运输方式班线班次、换乘等信息。数据来源主要为省（自治区、直辖市）交通运输管理机构数据资源中心。该中心数据库存储了大量交通服务信息，是公众出行交通信息服务系统的主要数据来源。大部分数据经过数据存储功能子模块导入数据库中，其他数据获取后经过数据格式转换，再通过数据存储功能子模块导入数据库中。对应于不同的数据源，数据采集功能提供了多种采集方式，如网页引用、手工录入、数据导入、访问数据源接口等。这些采集方式保证了数据获取的有效性、及时性和准确性。

1.公众出行服务专题数据库数据来源

（1）现有业务系统：高速公路联网收费系统、客运站售票系统、GIS 工作平台系统、高速公路监控系统、运政业务管理系统、港航管理系统。

（2）正在建设的系统：日常运行监控系统、综合运行分析系统、政务工作平台。

（3）外部信息来源：公安交警部门、铁路部门、民航部门、旅游部门、气象部门、公众。

（4）其他数据库：公路地理空间数据库、公路基础属性数据库、港航地理空间数据库、港航基础属性数据库。

2.公众出行信息服务系统所需采集的数据信息内容

（1）公路出行服务信息：基本信息、周边景点、沿途服务设施、收费站及收费路段、城市及公路气象等。

（2）公路客运站信息：场站、客运线路和班次、车型、换乘、票务、售票点、乘车点等。

（3）水路出行服务信息：港航、班次、航线、气象、票务等。

（4）高速公路出行服务信息：高速公路、国道、省道的路况，交通流量、施工、突发事件、沿途、环境等。

（5）其他便民信息：旅游景点、酒店、新闻、出行常识等。

（6）政务公开信息：一般性政务信息及公众关心的业务信息和法规。

根据采集的信息种类，采集方式有直接访问数据库、手工录入、Web Service 和数据交换等。直接访问主要针对从公众信息服务资源库抽取的信息。手工录入主要针对不能通过交换工具获取的信息，如临时性信息、交通管制和事故等突发性信息。Web Service 和数据交换主要针对互联网或网络上与公众信息服务网站互通的信息。

（二）数据处理与分析挖掘模块

数据处理与分析挖掘模块负责对系统采集的多源异构数据进行清洗、合并、转换等，完成对交通信息的优化、分析、加工、挖掘等工作。数据处理与分析功能挖掘模块具有海量数据处理能力、强大的数据存储能力、良好的稳定性、可扩展性和先进性。

1.路径分析功能

建立道路和网络交通流模型，对路网进行综合分析，进而为公众出行者提供各种最优路径服务，并对路网不同时间段的交通流量和通行能力进行评估和预测。

2.动态交通信息分析功能

根据具体交通状况，如道路路网状况、起讫点（origin-destination，OD）矩阵值和出行时的环境气象信息等分类综合分析。

3.交通出行规则分析

对各种不同出行方式综合分析，提供包括出行方式选择、出行辅助信息建议等出行策划功能。

（三）内容管理模块

内容管理模块负责协调整个系统交通信息资源的综合管理及其他模块之间的功能。

内容管理模块负责对绝大部分的交通服务原始数据的采集，并对这些数据进行分类，将其组织成交通服务信息，通过各种样式的模板显示。

内容管理模块也负责将出行者提出的交通信息服务请求，如路径分析等，提供给地理信息管理模块，由地理信息管理模块进行分析处理，生成地图图片信息，并将这些图片信息保存到交通综合信息数据库中。

（四）信息查询分析管理模块

信息查询分析管理模块主要提供数据的查询、统计和综合分析，包括基础数据和交通业务数据查询、各类数据统计、数据整合和关联、数据的综合分析，并结合地理信息管理模块，直观有效地展现查询和分析结果，以实现对各类交通信息资源的综合查询和分析。

（五）地理信息管理模块

地理信息管理模块提供一个地理信息服务的基础平台，它能够在网上支持包括道路、行政区、旅游景点在内的交通或交通相关地图的显示、放大、缩小、旋转、空间查询等出行者要求的基本功能，也能够实现系统管理员要求的一些功能，如数据的编辑和创建、要素的更新和创建等，以实现对地理数据库中地理数据的管理。

地理信息管理模块能够将查询分析模块生成的数据，通过各种数据展示方法显示，如柱状图、饼状图等，并结合地图进行显示发布。

出行者提交的服务请求，也可以通过内容管理模块处理后，提交到地理信息管理模块，经地理信息管理模块提供的分析处理功能做数据处理后，生成地图图片信息，经信息发布平台发布给出行者。

（六）系统管理模块

与本系统交互的用户有两类：一类是获取交通信息服务的信息需求者，另一类是对本系统进行维护和更新的系统维护人员。本模块将对信息需求者进行权限管理、身份认证等。使出行者只能获取指定的服务，看到指定的内容。本模块赋予不同的维护人员不同的权限，如创建服务信息、修改服务信息、删除服务信息等。

（七）信息发布模块

公众交通信息通过信息服务网站、呼叫中心热线电话、交通广播、短信等渠道发布，为出行者提供较为完善的出行信息服务。

本模块根据交通出行的出行前、出行中、到达前三个阶段，针对公众对交通信息及其服务的不同需求，提供相应的交通信息服务。

对于驾车出行者，出行前的信息需求主要有出行路线选择信息、道路状况信息、道路施工信息、途中拥挤状况信息、目的地气象信息等。出行者可以通过拨打呼叫中心热线电话查询相应的信息，或通过公众出行信息服务网站查询所需信息，也可通过短信平台定制相应信息的短信服务。出行中的信息需求主要有突发事件信息、路线诱导信息、车辆位置信息、道路施工信息、沿途加油站、汽车修理厂、餐饮、警察局、医院等服务及设施的地理位置信息和电话等，出行者可以从交通广播、拨打呼叫中心热线电话、短信定制或查询服务获取所需信息。到达前的信息需求主要有目的地住宿信息、休息场所、目的地停车场位置及占用情况信息、目的地旅游信息等，出行者可通过拨打呼叫中心热线电话，及时获取相关信息。

对于乘坐公共交通的出行者来说，出行前的信息需求主要有车站位置信息、公交车辆路线信息、发车方向、发车班次、票务、站务、换乘、搭载合乘信息等，出行者可以在公众出行信息服务网站查询各车站班车时刻表、售票情况等信息，或通过拨打呼叫中心热线电话等实现交通信息的查询、车票购买。出行中的信息需求主要有公交车辆换乘信息等，出行者可以通过公交车上的广播系统获取所需的换乘信息。到达前的信息需求主要有目的地住宿情况信息、休息场所信息、目的地旅游信息、餐饮娱乐信息等，出行者可以通过短信服务获取所需信息或拨打热线电话及时查询相关信息。

据此，出行者可提前安排出行计划，制定最佳出行路线，使出行更安全、便捷、可靠。同时，系统与铁路、民航、旅游、气象等相关信息进行整合，提供更全面、更多方式的服务。

二、公众出行信息服务网站子系统

公众出行信息服务网站建设的目的是为广大用户提供及时、准确、全面的交通信息服务，让用户能够第一时间掌握行业动态和交通信息。公众出行信息服务网站的服务内容包括提供路况信息、航道及水位水情信息、票务信息、班次信息、停车信息、路况信息、交通管制信息、突发事件信息、公告信息等。

公众出行信息服务网站子系统帮助公众通过网络上的交通信息服务中心，全面了解全省公路交通情况。公众出行信息服务网站子系统提供信息服务的方式主要是通过文字、图片、视频和基于网络的 GIS 电子地图。公众出行信息服务网站子系统的服务内容包括新闻公告、交通出行、电子地图服务、交通快讯、交通信息查询服务、特色旅游、出行常识、综合服务等方面。

（一）新闻公告

新闻公告即在网站页面上滚动发布与公路交通、水运交通相关的实时新闻信息，以及更新时间，便于公众了解最新信息，方便出行。

新闻公告数据来源于资源整合数据中心的数据库和互联网。数据通过数据库里获取或 XML（可扩展标记语言）配置。获取数据后，按照数据的大小对页面进行数据排版，接着按时间对取出数据进行排序，然后按照需要显示的项筛选显示字段，最后将数据以条目形式显示于页面导航栏的右下方。

（二）交通出行

为用户提供一站式的出行服务，包含出行前的出行方式选择及路径规划、出行中的出行辅助信息、出行后的信息反馈等与交通出行相关的所有信息为一体的综合出行策划服务。

1.出行方式选择

提供传统出行方式（汽车、火车、飞机、航运等）的车船票费、所需时间、路程长度、班次、交通工具类型信息等，以及省域的公交信息查询。提供自驾车出行方式的行车最佳路径分析结果、行车里程及通行费、所经公路的基本信息等。

2.路径规划

为自驾者提供最优路径分析，基于出行起点和终点、公路及交通状况、行驶时间、里程、收费情况等多方面的因素，为公众的出行最佳路径决策提供信息。路径类型包括时间最短路线、路程最短路线、收费最少路线、路面最好路线等。

提供自驾车用户的路径规划查询功能，查询条件为起点、终点、路径类型、是否绕行发生阻断的道路等。用户可以通过电子地图选择起点、终点。如果用户在电子地图上直接点起点、终点，则路径类型默认为"全部"，是否绕行发生阻断的道路默认为"是"。

路径分析结果基于GIS地图的方式在电子地图上标识出规划的路线，并且结合列表的方式进行辅助描述，列表中的信息是按照路线中路段的不同来进行分组显示，列表的详细信息有当前路线的文字描述、行驶方向、里程、行驶时间、收费情况、阻断情况等供用户进行参考。其中，如果路径类型选择了"全部"则输出的结果以TAB页的方式分别显示四种路径类型（时间最短路线、路程最短路线、收费最少路线、路面最好路线）。

如果选择了绕行发生阻断的道路，则输出的路径规划都要对发生阻断的道路进行绕行。

（三）电子地图服务

电子地图向用户以图形的方式直观显示相关信息，利用图形化界面将公路（国道、省道和高速公路等）、水路、铁路、航道、高速公路出入口、收费站、旅游景点、加油站、服务区、车辆维修站等交通网络与基础设施信息，以及实时交通路况信息、气象信息，通过示意图的形式在"一张图"中向社会公众集中展示，以便于出行者全面、直观地查询和掌握主要交通出行信息，同时还为用户提供多种出行路径的参考。

电子地图服务实现地图的基本操作功能（放大、缩小、漫游、全图、返回、向前、查询、清除查询结果、车辆距离、索引图、意见反馈、图层切换、点击打开帮助等功能），地点查询功能（目的地搜索，高速公路、国道、省道、县道、航道、风景区查询等功能），显示图层选择（对公路、航道水域、定居点、服务设施、交通站点、旅游景区等的显示与否进行选择）等。

1.专题地图

（1）公路网图：分片示意公路的分布和通达情况，并标出各市县间通达的主要线路。

（2）立交桥行车示意图：将省域内重要立交桥的形状绘制成地图，并标出行车的路线。

（3）主要维修厂分布示意图：将省域内一类维修厂的位置标注在地图上，并结合文字检索，便于用户查找。

（4）客运站分布示意图：将省域内一、二级客运站的位置标注在地图上，并结合文字检索，便于用户查找。

2.基本地图操作功能

系统的电子地图具有漫游、缩放、显示全图、根据比例尺显示等浏览功能。用户可以浏览全图或观察局部细节，还可控制图层的显示。

通过缩放操作，用户可以根据自身需要提取适当粒度的地图信息；通过平移操作，用户可以根据需要随意查询各个方位的地图信息。

3.复合条件查询

复合条件查询主要是实现对各行政区内的点状、线状两种数据的单项查询，也可以将线状指标作为约束条件进行两者的组合查询。

4.任意字段模糊查询

当输入某一个值时，当前图层内任意字段中包含该值的图素都会被高亮显示，以帮助用户在不确定具体查询条件的情况下仍然可以查找到相关数据。

5.图形查询

系统提供空间图形的选择，包括点选择（根据输入的一个坐标点，选择一定范围内的空间要素）、矩形选择（通过绘制一个矩形，选择落在矩形内或与矩形相交的空间要素）、圆选择（通过绘制圆来选择）和多边形选择（通过绘制多边形来选择）。选择完成后用特定的符号绘制选中的空间要素，并形成结果集。

6.路径分析

根据用户指定的起点、终点、通行条件等，查询出最短的通行路线，在地图上高亮显示，并显示整个路线上沿途经过的公路信息。

7.输出功能

根据用户的需求，提供电子地图及各种信息资料打印输出和彩信发送功能。用户可以根据自己的要求及重点关心的问题，对电子地图进行分析后，找出适合自己出行的电子地图版本。用户可使用系统提供的打印功能进行打印，或使用彩信发送功能，将输出结果发送到手机上。

（四）交通快讯

交通快讯以条目的形式将实时路况信息、航道通告和水位通告展示出来。

交通快讯提供拥堵状况、突发事件、交通管制、施工占道等实时路况信息，实现动态路况信息的实时发布，以地图加文字形式展现，同时提供水位等水情相关信息的实时发布。

（1）通过网站发布动态信息，借助地图服务进行展示，通过手机短信、热线电话等方式发布，同时可下发至交通广播频道。

（2）动态路况提供拥堵状况、突发事件、交通管制、施工占道、交通气象等服务内容，实现动态路况信息的实时发布，以地图加文字形式展现。

（3）在网站页面上滚动发布施工、事故、封路等交通事件信息，以及最新更新时间和对交通影响重大的气象或灾害信息。交通气象包括高速气象与城市气象两大服务功能模块。

交通快讯数据来源于资源整合数据中心的数据库和互联网。数据通过数据库里获取或 XML 配置。获取数据后，按照数据的大小对页面进行数据排版，接着按时间对取出数据进行排序，然后按照需要显示的项筛选显示字段，最后将数据以条目形式显示于页面导航栏的右下方。

（五）交通信息查询服务

交通信息查询主要为社会公众提供出行前、出行中、出行后的交通相关信息，包括交通静态信息查询和交通动态信息查询两类。

1.交通静态信息查询

（1）查询内容。

①查询公路、收费站、加油站、停车场、客运站、货运站、港口、航道等信息，可根据关键字模糊匹配进行查找，也可以直接选择进行详细信息查询，查询后可自动定位。

②查询道路上某类交通设施，如查询收费站、服务区、加油站等信息。

③查询高速公路收费标准信息。

④查询区域内旅游景点信息，包括具体地址、景区介绍、票价等信息，景点所在地及附近的客运班次信息，以及到达景区的旅游客运班次信息或公交换乘信息。

⑤查询公路、铁路、民航、水运等多种运输方式的客运服务信息，以及多种运输方式之间的换乘等信息。

⑥查询维修厂家信息，包括单位名称、详细地址、主修车型、特约维修车型、联系电话、24 小时救援电话、类别、地区等信息。

⑦口岸出入境的流程、口岸物流园区及口岸相关的政策信息等。

⑧交通出行常识信息，如客运的相关规范、行李包裹携带和托运知识、出行方式基本介绍和对比等信息。

⑨其他常识信息，包括常用应急对策、便民信息、交通相关法律法规等。

（2）主要信息查询流程。

①基础信息查询。为用户提供公路、收费站、服务区、加油站、停车场、维修点、港口、航道等基础设施静态信息的查找功能。用户点击菜单进入基础设施静态信息查询界面，然后可选择一种要查询的基础设施类型或在地图上框选查询区域。当选择一种要查询的基础设施类型时，需填写查询条件表单或在地图上点选目标；当选择在地图上框选查询区域时，可选择要查询的基础设施类型（可多选）。最后，在地图上标注查询目标及相关信息，显示文字形式查询结果。流程如图5-6所示。

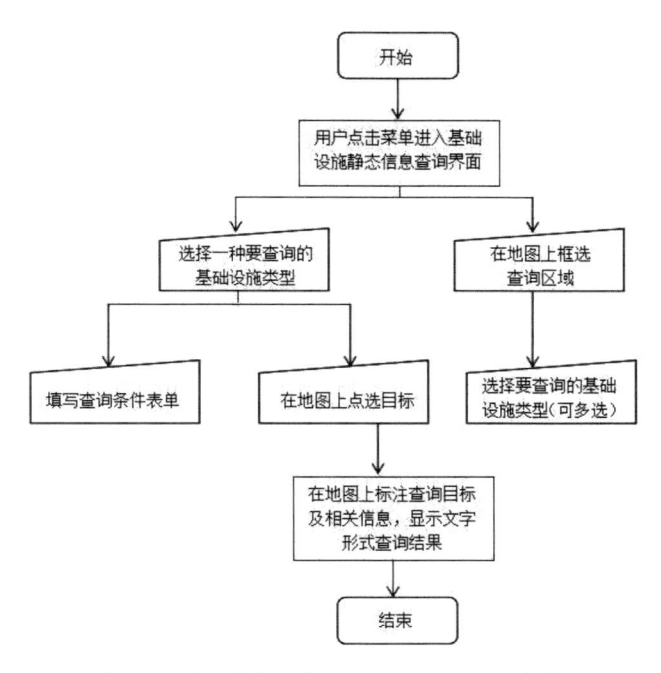

图5-6 基础设施静态信息查询服务处理流程

②通行费用查询。为用户提供出行起点、终点间通行费用的查询服务。流程如图5-7所示。

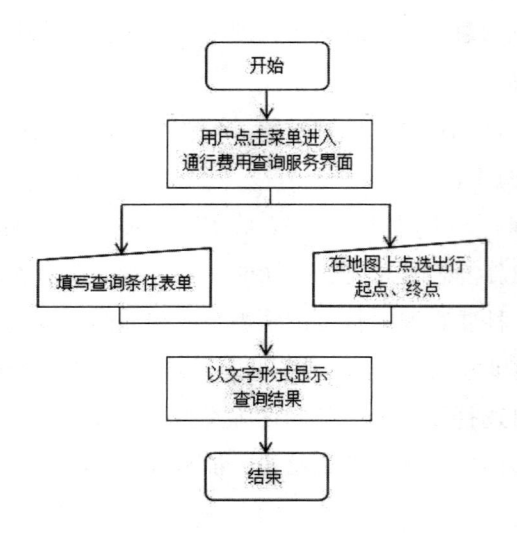

图 5-7 通行费用查询服务处理流程

　　③客运服务信息查询。为用户提供公路、铁路、民航、水路等出行方式的服务信息查询功能。用户一次只能查询一种出行方式的服务信息。流程如图 5-8 所示。

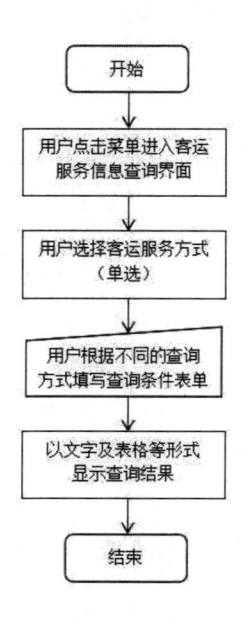

图 5-8 客运信息查询服务处理流程

2.交通动态信息查询

(1) 公路施工养护信息,包括近期计划实施养护或改造路段的路线编号、路线名称、施工路段起止点、预计工期,以及绕行路线等交通组织措施、安全措施等。

(2) 公路阻断信息,包括阻断位置、阻断原因、预计恢复通车时间等。

(3) 道路维修与管制信息,包括因道路维修、天气或者交通事故、交通管制等影响交通出行的信息。

(4) 临时车(船)次变更信息。

(5) 公路、水路突发事件信息,包括影响范围、事件进展、预计处置完成时间等信息。

(6) 交通气象服务,为出行者提供城市气象和主要道路沿线、水路的气象状况及预报,以及下属城市或地区的气象信息。当发生或即将发生对交通影响较大的天气时,可通过出行网站文字、图形等进行示意,对出行者给予必要的提示。

①交通气象查询。为用户提供交通气象信息查询功能。流程如图 5-9 所示。

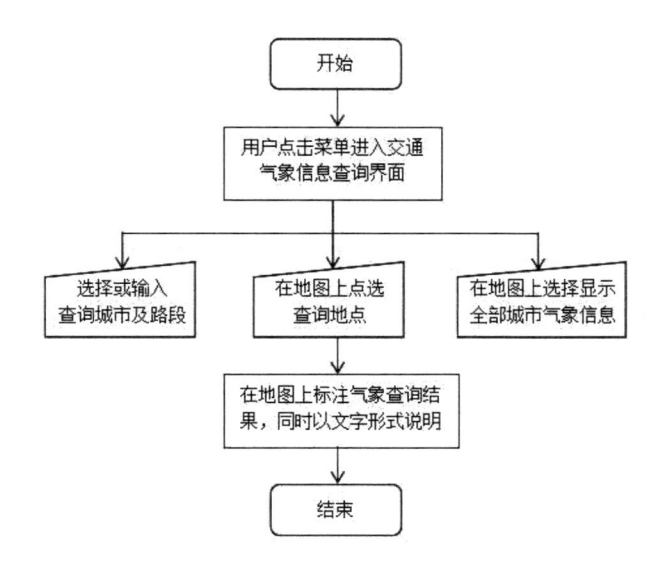

图 5-9 交通气象信息查询服务处理流程

②出行方式选择服务。根据用户出行起点和终点,提供可选择的出行方式的相关信息,作为用户选择出行方式的参考。流程如图 5-10 所示。

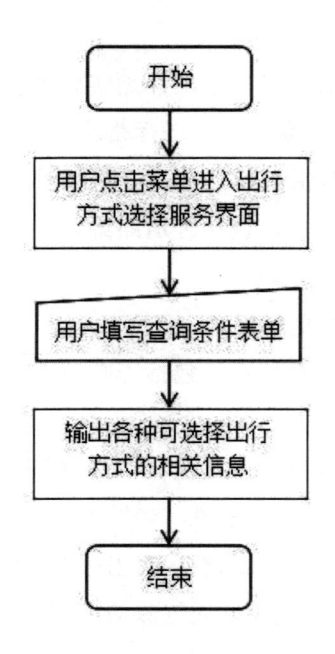

图 5-10 出行方式选择服务处理流程

（六）特色旅游

特色旅游主要包括旅游景点、热点旅游专题、酒店及特色小吃、旅游常识等模块。

1.旅游景点

旅游景点模块提供某地区旅游景点分布图，还提供景点详细信息，如景点名称、实景图、景点级别、所属地市、景点地址、服务热线、交通线路、景点周边配套设施介绍以及景点网站链接等信息；此外，还提供其他相关旅游网站的链接。

2.热点旅游专题

热点旅游专题模块，提供著名的旅游景点及线路信息，以及热点旅游景区及相关线路。

3.酒店及特色小吃

酒店及特色小吃模块，提供酒店及特色小吃的信息查询，包括酒店名称、星级、实景图、地理方位示意图、地址、电话及交通线路等酒店信息以及当地特色小吃的相关内容。

4.旅游常识

旅游常识模块，包括旅行中的着装、各类（如登山、漂流）防护措施、防骗技巧、急救知识和旅游文明规约等。

（七）出行常识

出行常识信息，包括客运相关规范、行李包裹携带和托运知识等信息。

（八）综合服务

综合服务提供留言服务，用于出行经验交流、自驾旅游交流，为出行者提供出行求助、心得、建议、意见投诉的场所。综合服务提供网站分析服务功能。

三、呼叫中心子系统

呼叫中心，又称客户服务中心，是在一个相对集中的场所，由一批服务人员组成的服务机构。通常利用计算机通信技术，处理来自企业、顾客的电话垂询，尤其具备同时处理大量来电的能力，还具备主叫号码显示，可将来电自动分配给具备相应技能的人员处理，并能记录和储存所有来电信息。

（一）功能

呼叫中心是公众出行服务系统的重要功能之一，呼叫中心提供的热线服务是为公众提供信息服务重要且简便的方式，同时也是获取交通事件信息的来源之一。根据业务需求，呼叫中心的功能包括以下两个方面：

1.交通运输行业公众信息咨询服务中心

呼叫中心也是交通运输行业公众信息咨询服务中心，主要向公众提供公路出行信息（如公路基础信息、道路动态信息、公路绕行建议信息、公路出行路径规划信息等）、水路出行信息（如通航信息、航道基本信息、过河建筑物基本信息、枢纽及通航建筑物基本信息、航道维护信息、港口基本信息以及港政、航政等信息）等的咨询服务。

2.交通事件信息获取来源

呼叫中心负责接听公众公路、水路、运输管理各类事件报告，进行记录，并实时转发至省（自治区、直辖市）交通运输管理机构及相关业务局。呼叫中心是管理部门获取动态信息的有效手段之一，可作为路政巡查、路况巡视、水路巡视检测、外场设备检测的有效补充。

（二）呼叫中心建设运营方案

呼叫中心建设运营方案主要包括呼叫中心基础架构、呼叫中心运营管理方案、呼叫中心特服号码方案、呼叫中心座席部署方案、专家组支持电话转接方案几部分。

1.呼叫中心基础架构

（1）方案1：基于现有呼叫中心构建行业呼叫中心方案。如省（自治区、直辖市）内已经有公路、水路等大中型呼叫中心，则可利用该呼叫中心建设行业呼叫中心，一般大中型呼叫中心的核心电话交换机可支撑一定数量的座席，有的则可支持逻辑上的多个呼叫中心（即虚拟呼叫中心），因此行业呼叫中心可以此为依托建设。建设分为两种方式：一是将原有呼叫中心升级为行业呼叫中心，原呼叫中心功能可包含在新建中心内作为一个子模块；另一种是利用虚拟技术，完全保留原呼叫中心系统，仅在逻辑上再建立一个新的行业呼叫中心，两个呼叫中心为中心与分中心的关系。

（2）方案2：采用呼叫中心外包形式由外包商提供呼叫中心基础架构方案。不再建设呼叫中心软、硬件系统，而由呼叫中心外包服务商根据需求提供相应成套服务，其系统架构包含在服务中，不再单独体现。

（3）方案3：建设独立呼叫中心系统方案。该方案需要采购相应硬件设备，搭建省（自治区、直辖市）交通运输管理机构专属呼叫中心系统，呼叫中心系统至少包括呼叫中心核心电话交换机、CTI（计算机电话集成）平台软件、计算网络、座席终端、房屋、家具、供电、空调、室内照明等。

2.呼叫中心运营管理方案

在现有呼叫中心基础上构建的行业呼叫中心，主要办理高管局、公路局、运管局、港航局等的业务，因此在功能架构上将有所转变。

（1）方案1：行业座席人员统管，各业务局协管并负责相应处置方案。采用这一方案，即由省（自治区、直辖市）交通运输管理机构雇佣或派遣专属座席人员负责接听来电，负责咨询答复、事件接警、相关业务局电话分转等。业务局人员接到转来电话后，负责相应处置。呼叫中心与座席之间通过局域网连接，系统构成如图5-11所示。

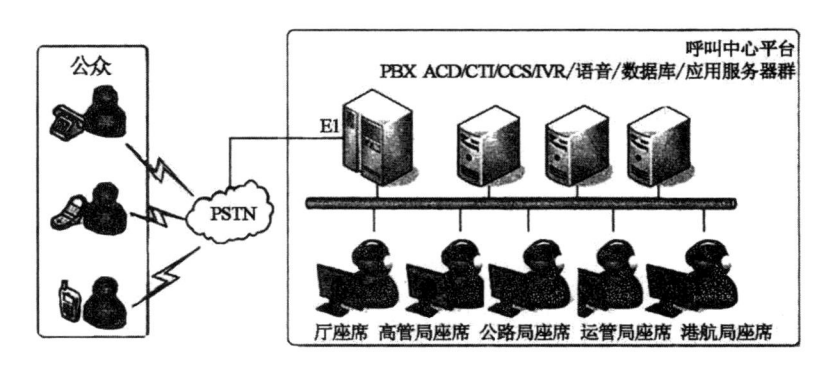

图 5-11 行业呼叫中心系统构成图

注：PBX 指用户级交换机；ACD 指自动呼叫分配；CCS 指呼叫中心服务；IVR 指自动语音应答

（2）方案 2：原系统座席人员代接电话，各业务局协管并负责相应处置方案。采用这一方案，即由原系统雇用或派遣专属座席人员负责接听来电，判断是否为自身业务，如果是则进入其相应处理流程，如果不是则进行分发转接，将电话转接至省（自治区、直辖市）交通运输管理机构或其他业务局，由其他业务局或省（自治区、直辖市）交通运输管理机构座席人员负责解答。

（3）方案 3：省（自治区、直辖市）交通运输管理机构、各业务局建立独立的虚拟呼叫中心方案。这样相当于省（自治区、直辖市）交通运输管理机构及各业务局分别有自己的呼叫中心系统，可以独立开发软件、设计系统流程、进行呼叫中心各项相关业务。

所谓虚拟呼叫中心，是指独立建设一套呼叫中心，在该呼叫中心上，为省（自治区、直辖市）交通运输管理机构及其他业务局创建虚拟呼叫中心，并分配资源（座席、自动流程等）。省（自治区、直辖市）交通运输管理机构及其他业务局只需要从原呼叫中心配置虚拟呼叫中心，享受呼叫中心提供的全部服务，而不需要承担建设呼叫中心的昂贵费用。

原呼叫中心可以在一套物理设备上创建多个虚拟呼叫中心，为省（自治区、直辖市）交通运输管理机构及其他业务局提供服务。

虚拟呼叫中心如图 5-12 所示。

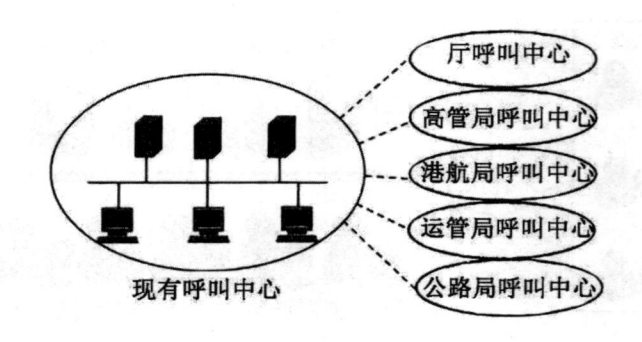

图 5-12 虚拟呼叫中心

逻辑上，虚拟呼叫中心彼此是相对独立的，包括独立的资源、独立的管理。所谓独立的资源是指各虚拟呼叫中心有独立的呼叫接入码、业务代表、呼叫队列、业务流程等资源。独立的管理是指各虚拟呼叫中心有独立配置、监控、报表等，可以满足省（自治区、直辖市）交通运输管理机构及其他业务局的数据安全方面的需要。

尽管各虚拟呼叫中心是相对独立的，但这些虚拟呼叫中心却是创建在同一个呼叫中心上，共用一套物理实体。因此，各单位只需要对呼叫中心进行配置和增加相应模块授权，不需要承担建设呼叫中心的费用。虚拟呼叫中心的特点主要有以下几点：独立的呼叫接入码；独立的业务代表；独立的自动业务流程；独立的路由脚本；独立的管理系统（包括质检、监控、报表、配置）；独立的呼出管理系统；虚拟呼叫中心资源由系统管理员统一管理；不同的虚拟联络中心数据彼此隔离。

面向客户的多媒体呼叫中心平台，通过各自特服号接入，各自受理公众对交通部门的业务需求，为公众提供综合性服务的无形窗口。呼叫中心设置中心座席若干（含一个班长席），分别设置在省（自治区、直辖市）交通运输管理机构及各业务局。当用户向呼叫中心提出特殊的服务请求，座席人员无法解决时，可将用户提出的服务请求转移给高管局、公路局、航港局的值班人员，实现三方通话。呼叫中心与座席之间通过局域网连接、呼叫中心与省（自治区、直辖市）交通运输管理机构通过互联网或专线网络连接。多媒体呼叫中心系统构成如图 5-13 所示。

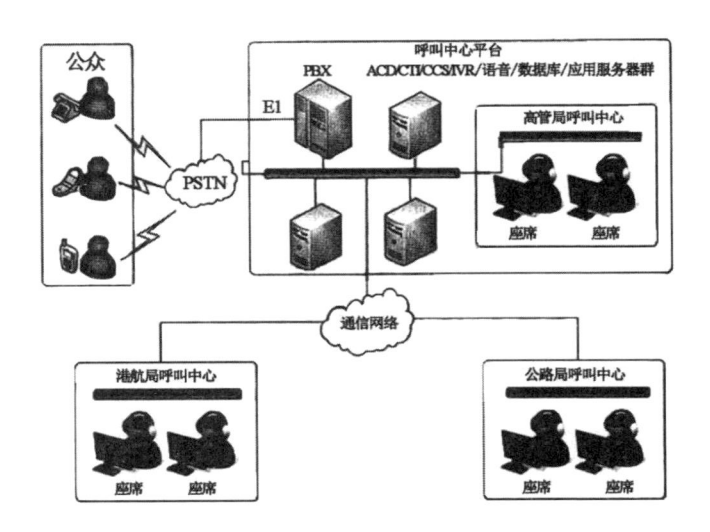

图 5-13 多媒体呼叫中心系统构成

3.呼叫中心特服号码方案

建立统一的特服接入号码对于提高交通运输行业公众服务水平十分重要，但由于交通行业在公路（普通公路、高速公路）、水路、运输管理业务上存在一定差异，因此需要确定是否将行业特服号码统一。呼叫中心特服号码方案主要有以下两个：

（1）方案 1：全行业统一特服号码方案。该方案统一省内全行业特服号码，呼入电话统一接入 IVR 系统或座席人员再进行分发，将电话转至相应座席人员，让其进行处置。

（2）方案 2：省（自治区、直辖市）交通运输管理机构、业务局各自独立的特服号码方案。该方案中高管局、公路局、运管局、港航局等分别申请不同的特服号码，呼入电话可以直接将电话呼入对应业务座席人员，不需要进行最初分发，故需省（自治区、直辖市）交通运输管理机构及其他业务局申请专用特服号码。特服号码需接入运营商公共交换电话网络（public switched telephone network, PSTN），与运营商通过网关和通信网络连接。

4.呼叫中心座席部署方案

（1）方案 1：利用现有座席空位方案。如果原呼叫中心系统设置的座席工位未全部利用，这些工位或空间可由公路局、运管局、港航局等自行安排。公路局、运管局、港航局等可派驻相应座席人员在原呼叫中心座席房间办公。

（2）方案2：设置远程座席方案。由公路局、运管局、港航局等分别在各自场所（如监控管理中心）设置远程座席，通过各业务局专网接入高管局值班室。

（3）方案3：利用现有座席空位并设置远程座席方案。该方案在利用原呼叫中心座席工位基础上，考虑到座席扩展问题，在各业务局增设远程座席。中心座席和远程座席可以按照上下级方式配置座席权限，中心座席拥有高一级权限并优先接听来电，远程座席则负责协助处理来电。该方案还可采用平级接口，中心座席和远程座席平级处置来电，不分级别，仅根据座席空闲状态由呼叫中心系统自动分配电话。

5.专家组支持电话转接方案

呼叫中心座席人员接听来电时，可能遇到无法解答的情况，这就需要由省（自治区、直辖市）交通运输管理机构或相应业务局人员进行解答。因此需要将电话或相关信息转接至省（自治区、直辖市）交通运输管理机构、业务局或其下单位的相关部门处理。转接方案主要有以下三种：

（1）方案1：记录该信息及来电号码，交由相关部门处理，由座席人员回访方案。该方案由呼叫中心座席人员负责将来电问题登记，并将登记信息转发至相关部门。对于已经建有信息系统的部门，可以通过软件接口将信息发送至该系统，并由该系统提示对应部门处理。相关部门处理后将处置信息传回呼叫中心，座席人员根据登记的电话号码将处置结果用回访方式进行反馈。对于没有信息系统的部门，则可通过邮件、传真、纸质文件等方式将相关信息发送至相关部门，相关部门处置后再发回呼叫中心座席人员，由座席人员回访并登记或记录。

（2）方案2：直接将电话通过PSTN转接至相应部门处置方案。呼叫中心直接将电话通过PSTN网络转接给相关部门，由相关部门进行解答或处置。转接电话一般有两种方式：第一种是通过运营商转接（需要运营商支持），借助运营商交换机将电话转移至业务部门。该方式转移呼叫中心不发生电话费用，但无法录音。第二种是通过UAP3300交换机转接，相当于呼叫中心在接入呼入电话后再发起一次呼出。该方式可以录音，呼叫中心需承担本次呼出的费用。

（3）方案3：直接将电话通过PSTN转接至相应部门，同时将数据转入对应信息系统方案。该方案与上一方案类似，只是除了转接语音电话外还将数据一同推送至相关业务部门，业务部门可以直接查看来电已经登记的信息，同时在解答后可填写解答或处置内容并发送回呼叫中心。该方案等同于将具体业务部门作为远程座席，但远程座席通过交通专网传递数据和语音，而该方案采用运营商PSTN网络传递电话语音，交通专网传递数据。

第六章　智能交通新技术和新业态

第一节　智能交通新技术

一、积极推动我国自动驾驶汽车产业发展

（一）深刻认识发展自动驾驶汽车产业的重大意义

1.自动驾驶汽车为推动我国产业升级和质量变革提供了重大机遇

与美、日、德等发达国家在传统汽车多数核心技术上已基本确立垄断地位不同，在自动驾驶汽车领域，各国在相关技术上均缺乏积累，如果能把握好当前我国在互联网、通信技术、新能源汽车等方面的优势，加强自动驾驶汽车技术的研发和商用推广，有可能实现汽车产业的弯道超车。更重要的是，自动驾驶汽车产业链较传统汽车更长，不仅涉及传统的汽车、机械、电子、能源等，还与人工智能、大数据、高精地图、高精感知、下一代通信等领域密切相关。加大对自动驾驶汽车的研发，能够促进全产业链条系统性的转型升级，推动我国产业结构迈向中高端，有力支撑制造强国、科技强国、网络强国、交通强国、数字中国建设。

2.自动驾驶汽车为实现我国交通运输乃至经济社会运行的效率变革提供了重要手段

我国每年道路交通安全事故伤亡人数近30万人，人为操作失误是交通事故的主要因素。自动驾驶能够最大程度消除由于人的疲劳和随意性，以及复杂道路环境等因素导致的交通事故，显著提升车辆驾驶的安全性。同时，有关研究表明，自动驾驶可提高道

路的通行效率10%左右，有利于减少交通拥堵；还可以提高燃油经济性20%—30%，节能减排效果显著。纵观铁路、公路、民航、水运等交通运输领域，自动驾驶汽车是未来一段时期可以预期的变革性最大、影响面最广的领域。交通运行效率的提高，交通物流成本的下降，也将进一步激发经济社会的发展活力，实现经济社会全要素生产率的大幅提升。

3. 自动驾驶汽车为实现我国经济社会发展的动力变革提供了重要支撑

自动驾驶汽车的出现，使汽车由单纯的交通工具逐渐转变为出行与公务商务、购物消费、休闲娱乐相互渗透的"交通移动空间"，从而推动"不求所有，但求所用"的共享出行等生产生活新模式的不断涌现，对交通出行乃至城市发展布局、社会秩序等产生重大影响，未来的城镇体系格局、城市规划设计、法律法规、社会秩序与行为规范等，都将基于新的生产生活模式而被重新定义。自动驾驶汽车还将同其他领域的人工智能应用一道，将人类从简单重复的劳动中解放出来，进一步增强人类的创造力，新模式、新业态、新增长点将不断推陈出新，成为经济社会发展的不竭动力。

（二）自动驾驶汽车的研发现状与应用特点

（1）资本高度关注，高科技企业、新兴汽车企业、传统汽车企业作为研发主体采用不同的技术路径齐头并进。

汽车自动驾驶提出并开展研究已经很多年，以往以政府、科研机构为主要主体，采用车路协同的技术路线，即通过在道路等基础设施上布设感知设备，与车辆进行交互通信实现自动行驶。近几年，主要推动主体是企业，并且得到资本的高度关注，已经有上百亿甚至千亿美金的投入。目前推进的企业和技术路径主要有三类：第一类是以美国谷歌和我国百度为代表的高科技企业，主要基于激光雷达、视频传感器，利用人工智能的车载计算机，直接开发具有高度或完全自动驾驶功能的汽车；第二类是美国的特斯拉和我国的未来等新兴车企，结合汽车电动化，以商业模式和未来产业生态布局为着眼点，逐步开发自动驾驶汽车；第三类是国外的奥迪、通用、宝马和我国的长安等传统车企，选择在现有车辆基础上，以核心技术和终端产品为主线，采用相对保守的逐级提升发展的路径。

（2）新技术发展为自动驾驶汽车创造了条件，整体逐步成熟并已实际道路测试，完全自动驾驶车辆的商用越来越近，限制范围条件下的应用已具备较高的可能性。

20年前自动驾驶汽车还处于展示和实验室研究阶段，如今，依托快速发展的通信、传感器、人工智能等技术，大部分高科技企业的自动驾驶车辆已经上路测试，并逐步进入实用化和商业化。如美国谷歌公司的自动驾驶汽车 Waymo 已经在全美 20 座城市进行了 500 万英里的实际测试，2018 年 2 月又宣布将生产数千辆自动驾驶汽车投入出租车运营中。传统车企也已向市场推出较高自动驾驶水平的车辆，如 2017 年 7 月奥迪公司发布的全球首款达到国际汽车工程学会定义的 L3 自动驾驶水平的量产车奥迪 A8。综合分析判断，虽然高度自动驾驶的汽车进入量产商用不会像车企宣传的那样在三五年就能实现，但一些特定场景的应用将很有可能，如固定线路运营的公交车、货车，高速公路上的编队运行，小规模范围运输的港口、矿山车辆和园区摆渡车等。另外，自适应巡航、自动泊车等智能辅助驾驶技术已相当成熟，商用化进程也将加速。

（3）各国政府积极主动作为，研究制定相关法规政策，为自动驾驶汽车的研发与测试提供便利。

美国、欧洲、日本等国政府均对自动驾驶汽车的开发和测试予以政策支持。2016 年 9 月，在日本长野七国集团（G7）交通部长会议上通过了联合宣言：为实现汽车自动驾驶技术尽快商用，将协作制定自动驾驶国际标准。同月，美国交通部发布了《联邦自动驾驶车辆政策》，为全球首份国家政府自动驾驶汽车政策。2017 年 9 月，美国众议院表决通过了《自动驾驶法案》，为美国各州发展自动驾驶汽车指明了方向。美国加州还将允许在公共道路上测试没有司机干预的全自动驾驶汽车。此外，许多国家开始考虑研究自动驾驶汽车涉及的道路和交通工程设施规范，有关的法律、保险、管理问题也进入政府议题。2017 年 12 月和 2018 年 3 月，我国北京市、上海市也分别发布了自动驾驶车辆道路测试管理实施细则，起了很好的政策导向和标杆作用。

（三）我国在自动驾驶汽车发展方面的差距

近年来，我国政府高度重视自动驾驶汽车的研发应用，国务院 2015 年发布的《中国制造 2025》及"互联网＋"发展战略、2017 年 7 月印发的《新一代人工智能发展规划》等，均明确提出发展自动驾驶汽车等智能运载工具。但与国外发达国家相比，我国自动驾驶汽车在发展战略、技术水平和发展环境方面仍存在一定的差距。

1.战略目标和技术路线不明晰

目前我国对自动驾驶汽车的发展缺乏战略安排，提出的发展目标较为模糊，也缺乏具体的思路和举措。相比于通用、谷歌等企业有着清晰的阶段性研发和商用同标，我国鲜有企业提出明确的自动驾驶汽车发展目标。而对于当前存在的智能化和网联化两条技术路线之争（即高科技企业和新兴车企主要通过车辆的自主感知、自主决策实现自动驾驶，而政府、科研院所更倾向于通过车与人、车、路、云端等的智能信息交换共享实现自动驾驶功能），也缺乏清醒的认识。一旦美国、日本等发达国家形成了相关技术壁垒和由其主导的国际标准，我国就会错失产业转型升级的良机，无法占据产业竞争高地。

2.技术研发水平有较大差距

美国谷歌公司在2009年就开始了对自动驾驶汽车的研发测试，已经投入上百亿美元，集结了全球顶级科研队伍，而我国相近企业只是近几年才开始启动研发，人才和技术储备都存在较大差距。对比美国加州车辆管理局最新发布的自动驾驶测试报告，在我国处于技术领先地位的百度公司，与美国谷歌、通用等公司相比，不论是在测试里程、测试车辆数，还是在故障率等方面，均有不小的差距。

3.发展环境仍有待完善

发达国家尤其美国，很多州早已出台法规支持自动驾驶汽车上路测试，而且国家层面的法案正在推进过程中，将为全国范围内发展自动驾驶汽车扫清障碍。我国目前仅北京、上海两地出台相关管理办法，且更多从安全责任角度进行界定，对数据的收集、公开等与产业发展密切相关的信息要求较少，而国家层面的相关政策法规几乎空缺。如果仅依据现行法律法规，将对自动驾驶汽车的测试、商用形成较大制约。此外，对于自动驾驶汽车对社会带来的其他方面影响，如责任认定、社会伦理、算法公平公开等，美、日等国家均已有较深的研究和积累，我国在这些方面也基本空白。

（四）我国发展自动驾驶汽车的几点建议

1.制定自动驾驶汽车发展战略，坚持以智能化为主，兼顾网联化的技术路线

将发展自动驾驶汽车作为推动经济发展质量变革、效率变革、动力变革的重要机遇，从技术、产业、交通等多个维度明确自动驾驶汽车的战略选择，支持和鼓励自动驾驶汽车相关技术的研发应用。在技术路线方面，智能化犹如人的大脑，是自动驾驶汽车内在不可或缺的重要基础，更是将来实现完全无人驾驶的先决条件；网联化是提高智能交通系统效率的重要支撑，通过车与车、车与路、车与环境的协同，使得车辆运行更加高效、稳定可靠、安全，商用基础较为扎实。结合自动驾驶技术的发展趋势，建议在坚持以智能化为主的基础上，支持网联化同步发展，避免对技术创新和产业发展形成制约。同时，

基于燃油车、电动车的技术特点、发展前景与现实差距，我国可重点考虑在电动汽车基础上研发自动驾驶技术，以更好实现弯道超车。

2.坚持以企业为主体研发推动

自动驾驶汽车技术已逐渐由实验室走向上路测试甚至是小范围商用阶段，其市场价值正在逐渐显现，各类企业已经成为推动自动驾驶技术发展过程中的主力军。从国外情况看，通用汽车收购无人驾驶公司 Cruise、谷歌 Waymo 与菲亚特克莱斯勒签署合作协议，高科技企业和传统车企正在通过优势互补、强强合作的方式，加快技术研发和商用进程。我国应对政府主导成立的国家智能汽车创新平台、协会性质的中国智能网联汽车产业联盟以及最近 21 家国内行业龙头企业、科研单位合资成立的国汽智能网联汽车研究院有限公司进行合理准确定位，更多鼓励各类企业通过兼并重组、资本融合、合资合作等方式开展研发。也可以发挥我国的制度优势，采用航天和大飞机的发展模式，组建一两家国有企业主导进行自动驾驶技术的攻关。

3.为企业研发测试创造良好环境

鼓励我国企业在自动驾驶技术领先的国家设立创新研发中心，加强与先进企业的技术合作，瞄准和融入世界技术前沿。同时，创造条件支持企业国内研发中心引进国际顶尖人才，提升自主研发能力。鼓励在可控环境下已测试成熟的自动驾驶汽车开展实际路测，逐步放宽公共道路开放条件，扩大开放范围，为自动驾驶汽车提供各种真实场景的实际训练机会。国家层面适时出台上路测试、认证标准、责任界定等方面的政策法规，予以鼓励和规范，在强调安全责任界定的同时，注重实测数据的获取与开放，为发放量产车辆牌照奠定基础。

4.强化特定场景和重点区域的试点示范

选择城市开放区域和特定高速公路路段，结合新一代国家交通控制网和智慧公路试点，开展"智能＋网联"的自动驾驶汽车应用示范。加强对城市公交、自动驾驶小巴、卡车智能车队等商用条件相对较成熟领域的自动驾驶技术研发，选择在雄安新区、北京、深圳等科技创新中心，结合北京冬奥会、杭州亚运会等重大活动契机，开展试点示范，并适时在全国范围推广。

5.积极应对量产商用及带来的变化影响

国家可在必要时采取政策措施，对自动驾驶汽车予以一定的产业保护，如合理把握自动驾驶汽车的市场准入时间等，为我国企业研发、量产争取更多时间。研究制定全面覆盖汽车制造、信息通信、基础设施、信息安全、运行监管、应用服务等领域的新一代技术标准体系，适时调整相关法律法规，应对技术条件成熟后的车辆大规模投产商用。

二、无人驾驶的战略和路径选择

（一）欧美国家相关企业在持续研发"聪明的车"

近几年，汽车无人驾驶的热度很高，以谷歌为首的一些欧美国家高科技企业、汽车巨头，一直围绕着"聪明的车"，也就是单车智能，苦苦钻研了十余年之久。

当前技术究竟进展到什么程度，离商业量产还有多远，仍不清楚，各个公司都高度保密，只能通过实际行动来推断。2018年12月，谷歌在美国凤凰城推出出租车叫车服务。汽车巨头通用公司收购Cruise以后，将要量产投入没有方向盘和制动板的无人驾驶汽车。总体看，还是比较有信心的。但是，一些专业人士认为，最后1%的关键技术，也许短时期内根本突破不了。

（二）我国开始注重"＋聪明的路"，欲以此弯道超车

无人驾驶作为人工智能最有可能的应用领域，将会有巨大的经济效益。我国当然也不甘落后，有很多企业已经加入了这个行列，最具代表性的就是互联网企业——百度。百度前期也与国外企业一样，重点研究推进"聪明的车"。

现在，我国越来越多的企业转向了"聪明的车"＋"聪明的路"，即车路协同，声音越来越大。百度、阿里等许多互联网巨头企业、华为等通信龙头企业，都纷纷宣布进入车路协同推进无人驾驶。由中国科学技术协会、交通运输部、中国工程院主办的世界交通运输大会的主题报告之一，就是"车路协同自动驾驶发展展望及实施路径"。选择车路协同，也许可以加快无人驾驶的研发推进速度，并且充分发挥我国集中力量办大事的制度优势，实现我国无人驾驶的"弯道超车"。我国政府有能力推动在路侧建设高精度的感知设施设备，即"聪明的路"。问题是，这条技术路线到底行不行呢？

（三）"＋聪明的路"能否克服当前技术瓶颈？

"聪明的车"，道理很简单，就是想模仿人：用车载摄像头、雷达等感知设备（相当于人的眼睛和耳朵），看到并识别周边的情况，再根据情况作出判断（相当于人的大

脑），然后控制汽车驾驶行为（相当于人的手和脚）。

"聪明的车"+"聪明的路"是在路侧也装上感知设施设备，相当于给车增加了新的眼睛和耳朵，可以提供更丰富、及时的外部信息，弥补单车智能的感知盲点。毫无疑问，增加更多的信息肯定会更好，使得驾驶更安全。但其本质是什么呢？只是增加了更多的信息而已。

现在无人驾驶的技术"瓶颈"主要是信息量不够，还是算法、人工智能不够呢？地上有一片白色的区域，是看不到，还是无法区分这是不小心落在地上的白纸还是地面标线呢？是发现不了前方道路上突然出现了个被风吹动的塑料袋，还是不知道这种情况下要拐弯避让还是刹车呢？简单说，是眼睛和耳朵不够，还是脑子不够呢？据目前了解，技术"瓶颈"主要是人工智能的算法和芯片，是脑子问题。如果是脑子不够，增加眼睛和耳朵能不能解决问题呢？

（四）把感知设备从"车"上搬到"路"上，是否可行？

如果更彻底些，干脆把车载的雷达、摄像头等感知设备全部转移到路侧，有人认为这样可以大大节省成本。因为车载设备只能供一个车使用，路侧设备可以供所有车使用。可是，一套车载设备可以供这辆车在所有地方使用，而一套路侧设备只负责一两百米的路段。如果让车辆在任何地方都能行驶，需要在全国近500万公里的公路和所有城市的大街小巷都要装上路侧设备。如果100米一个，全国公路就得5 000万个。同时，这些感知设备是有使用寿命的，现在激光头使用寿命一万个小时左右。如果是车载，只有开车的时候才打开使用，平均每天用2个多小时，基本上可用到车辆报废。但如果在路侧，不管路上有车没车，需要全天24小时开着，需要每年更换一次。如果这么计算，到底哪种方式成本更低，还说不清。

我国的确有集中力量办大事的制度优势，但是，就一定能做得到在所有的道路上都安装路侧设施吗？到现在为止，我国很多农村公路连标志标线都不全，有没有可能都装上这么高级的路侧感知设备？更重要的是，还需要每年更换一次，还得保证每个设备都实时运行良好、实时精准采集和传输数据。否则，车走到这，没有信号，就走不了了。另外，还有很大的责任：如果出了事故，到底是"耳朵"和"眼睛"的问题，还是"大脑"短路了呢？先界定清楚，如果是感知设备、"耳朵"和"眼睛"的问题，政府是否要承担责任。

这些感知设备到底放到车上还是放到路侧，这如同是让大家都穿皮鞋还是用牛皮把路都铺起来。毫无疑问，当前比较现实的做法还是让大家都穿鞋。

（五）依靠"聪明的路"，汽车厂商的可能反应与选择

如果把感知设备完全转移到路侧，眼睛和耳朵不在自己身上，得依靠政府，汽车生产厂商会怎样？如果企业把大脑生产好了，眼睛和耳朵还没装好，谁买车呢？如果大脑一直没问题，眼睛和耳朵经常不灵，估计也没有多少人买车。所以，对于汽车生产厂商来说，一定会选择把命运掌握在自己手中，这最可靠。

车路协同还有一个更高级的阶段，那就是把决策系统，也就是大脑从车里也拿出来，由陆上控制中心统一指挥调度，也就是所谓的陆基自动驾驶。车辆只是一个执行者，这是不是变成了"普遍的车"＋"聪明的路"？如果这样，那些现在投入了大量资金研究"聪明的车"的高科技企业，就根本没啥事了，这也是不大现实的事情。

（六）车路协同应用领域与功能

对于无人驾驶来说，路侧感知设备的功能，如同当前的路灯：有了一定会更好，没有也可以，绝不是必需的、完全依赖的。基于这样的功能，对设备的要求、采集和传输的信息等，都与车载感知设备有巨大的差别。如果说一定要在某些领域内尝试一下车路协同的话，可选择公交车，或者港区、矿区等，这些固定线路或固定区域内，路侧设施设备也不会很多。

车路协同，用于交通管理、提高路网运行效率，还是很有必要的。例如，无人驾驶汽车与城市红绿灯系统进行信息实时对接，汽车可以提前知道红绿灯的变化，提前采取更合理的加减速行为；红绿灯系统也知道汽车的实时位置和交通流量，采取更科学合理的信号配时方案。即双方互相给对方提供信息，各自作出更科学合理的决策，使得交通更加顺畅。同样，如果是这种功能，所需要的设备和传输的信息，与用于无人驾驶有很大的不同。

（七）5G对无人驾驶的影响和作用

我国在5G方面全球领先，当前，很多人认为最大可能首先在无人驾驶领域中应用，会助推我国无人驾驶的研发与推广速度。但细想一下，这也是基于车路协同的技术路线。车路协同背景下，车与路之间信息传输的能力和速度确实非常重要，5G就有明显优势。但是，如果是单车智能，不需要太多的信息传输。绝大部分信息都是车载设备采集的，

是可以看到、听到的信息，直接进入大脑。其他的功能，如高精地图的更新、跟前后车保持联系、跟红绿灯互通信息等，信息量也不大，5G 的优势就体现不出来了。因此，如果是"聪明的车"，5G 的作用和影响就没有那么大。

（八）战略性问题，需慎重选择决策

"聪明的"，还是"＋聪明的路"，这是一个重要的战略性技术路线问题。如果走错了，我国在无人驾驶汽车这个当前万众瞩目、集最高水平人工智能应用的高端制造业上，就可能真的再次失去追赶欧美、实现同时甚至早日登顶的机会。同时，还涉及我国近 500 万公里的公路要不要提前布局建设路侧感知设施设备，这是以万亿为单位的投资。如果车路协同技术路线不可行，巨额投资就打水漂了。所以，还是要充分讨论、慎重选择决策。

三、对智能交通问题的几点认识和看法

（一）对新一轮科技革命的认识和判断

全球新一轮科技发展正从信息化、数字化（即信息的采集、传输、存储）开始逐步向利用信息进行思考决策的人工智能过渡。信息化和数字化从原来传统的台式计算机互联网已经发展到手机等移动互联网，同时有更多种、更高精度的数据信息感知采集设备的广泛应用，以及以 5G 为代表的容量更大、更快的信息传输技术。利用大量数据信息进行的人工智能正处于快速发展、即将有较大实际应用价值的关键阶段，包括在企业自动化生产制造领域和智能家居等生活领域，以及政府管理等领域，最为期待的是交通领域的无人驾驶汽车，这也是目前人工智能最好和最有前途的应用场景。

另外，值得注意的一个新趋势是边缘计算，即在数据信息采集的环节，如视频摄像头等终端设备，就对数据信息进行分析处理甚至智能化决策，而不是全部上传到数据和决策中心，使得数据存储和决策下沉，从集中式向分布式转变。这既符合区块链技术分布式的基本原则，同时大幅度地降低了数据传输量。

（二）新技术的应用能改善交通，但不会产生重大变革

智能交通是新技术在交通领域的应用，以提高交通运输出行的安全、效率、舒适性

等。智能交通的变化或变革，是指所应用技术的变化和应用的广泛性、深度大小以及对交通领域产生的影响程度，是否会产生变革性的影响。

数据信息等新技术的应用，改变的是交通运输安全水平、运行效率和服务水平，其根本性的决定因素是交通基础设施的能力和状况。智能交通只是在现有基础上的提升与改善，不会改变交通的本质，包括无人驾驶汽车也不能改变汽车的本质（如果汽车的大小形状和运营组织不发生大的变化），也不会较大程度地改变出行方式和运输结构，因此，很难说智能交通的发展会对未来交通产生革命性的变化。在改变出行方式和运输结构方面，智能交通发挥的影响作用甚至不如价格、公交绿色出行优先、车辆使用管制等政策措施更有效。

5G对智能交通有促进作用，但不会产生大的影响。5G改变的是信息无线传输的能力和速度。智能交通领域的信息传输大部分是有线传输，交通基础设施和运行状态的固定监测数据大部分是有线传输，载运工具监控数据信息是无线传输；因为边缘计算的出现，大大减少了数据传输的数量，对传输的能力要求不高；在时间上，大部分没有很强的即时性要求，不需要毫秒级的反应。目前看，唯有无人驾驶汽车领域，涉及大量数据的即时反应。如果是车路协同的技术路线，大量的数据信息需要从路侧传到车内，对5G的依赖性就非常强；如果是自主驾驶的技术路线，数据信息感知和人工智能决策基本上都在车载终端，只有极少量的辅助数据信息需要从外部无线传输到车内，5G对其影响较小。

（三）未来推动智能交通发展的重点方向

近些年，数据信息感知采集方面有了巨大的发展，不管是采集技术还是数据量。在交通领域，已经布设了大量的监控等数据采集设备，建立了较大的监控中心，信息量即大数据已经积累到相当程度，进而也有了较大的应用价值。但不管是在政府层面，还是企业层面，都没有很好打通数据的壁垒，也没有充分挖掘数据的价值。

未来重点是基于用户需求，加强软件系统建设，充分利用好数据信息，真正发挥价值、产生效益。只有数据采集设备和监控平台是没有用的，数据资源放在那儿不产生价值。需要充分利用这些大数据进行分析决策，包括交通规划管理、运输服务等各个领域，使交通规划更加科学，运行管理更加高效、更加合理，运输服务水平更高。当前，所有交通部门、公安交管部门和相关企业的信息化系统、监控中心和平台等，都应该加强数据挖掘应用；同时，也应该对红绿灯等运行和运营管理系统进行升级，以提高交通系统运行效率。

要注重交通基础设施状态感知、智慧灯杆等一体化采集设备和智慧停车等实用系统建设。相对于原来的传统交通基础设施，所有的智能交通设施设备都属于"新基建"的范畴。总体来看，既有监控摄像头等固定式数据采集设备已经较多，再加上手机等移动采集设备，针对交通运行管理的数据信息来源已经是短板。但在新一代 5G 设备要大规模投入安装这一契机条件下，可统筹整合不同部门、不同行业的视频监控等信息采集和 5G 等传输设备，以及路灯、充电桩、停车收费等，建设智慧灯杆等信息基础设施设备，这是新一代基础设施一体化的最佳实践。除了交通运行管理，对于桥梁、隧道、铁路、道路等庞大交通基础设施的监控与养护，要想实现智慧化的管理，首先需要相应的感知设备以获取沉降变形等数据信息，这方面的设施设备与系统可进行加强。另外，一些实用并且直接产生经济效益、改善服务水平的设施设备与系统可以加快推进，如停车电子收费与管理系统等。

法治行政手段与市场机制相结合，打通数据壁垒。当前，与其他领域一样，信息壁垒影响了大数据的规模效应和全面系统性，也影响了数据价值的效用，必须尽快予以打破。对于政府掌握的信息数据，应通过法律或行政手段，最大程度对外开放共享；对于企业主要掌握但政府公共管理所必需的数据，也应通过法律或行政手段接入政府管理平台；对于其他数据信息，要更多利用市场的机制来推进开放共享。

只有数据开放共享，企业主体才能也一定会让运营更加高效，为用户提供高水平的运输服务。最有代表性的案例就是移动即服务（mobility-as-a-service，Maas），其本质就是政府多年来一直在推动的旅客联程联运、一体化出行服务（同时辅以通过手机与用户即时交互），其背后需要做的核心工作是将目前各种票务信息系统开放，让第三方企业能够为公众提供"一票"服务；同时打通各运营企业主体的信息壁垒，使得运营层面互联互通和紧密衔接，让乘客体验到"无缝"出行服务。

（四）无人驾驶的技术路线与发展

无人驾驶汽车的技术路线，应以自主驾驶为主，车路协同为辅助。车路协同以改善交通运行管理为主要目的，并为车辆驾驶提供更多的信息，使驾驶更安全。当前无人驾驶的技术瓶颈，不是感知设备的成本问题，不是获取的信息和精细度不够，也不是传输速度的快慢，而是人工智能算法的能力水平，即"大脑"不够聪明。车路协同只是将数据感知设备从车上转移到路侧，没有改变人工智能的根本问题，多了一点数据也不能弥补大脑智商的不足。同时，路侧设备的建设与运营维护还存在不可能完成的任务，以及增加更多网络安全漏洞等难题。

对于无人驾驶乘用车何时到来，难以判断，可能已经不远。无人驾驶汽车具体的技术进度和难点掌握在相关企业中，并且是核心商业机密，难以获得、判断。当前，美国谷歌等头部企业在一些城市中开始了真正的无人驾驶出租车应用，据此判断，技术上总体应该已经看到了曙光，但也不排除因为某一个或几个关键技术突破不了，或因有安全漏洞，很长时间不能真正商用。不管是当前测试还是未来商业推广，在法规政策方面，全球各个国家、城市都在为之广开绿灯，不存在问题。

无人驾驶最有可能首先在快递配送领域应用，即无人配送车，替代当前大量的"快递小哥"。与乘用车相比，城市配送车辆内部没有人，大大降低了对安全的要求，仅需要考虑对外部人员的伤害；同时，在行驶速度方面，没有过高的要求，时速15—20公里甚至更低都能满足要求，这大大降低了对算法的要求，也就使其更容易实现；并且，这种车辆的应用，会直接产生经济效益，更容易推广应用。在这方面，因为网络经济的高度发展，我国具有不可比拟的应用市场和发展环境优势，应重点进行促进和推动。

创造环境条件，鼓励企业通过引进人才和企业并购的方式，缩短技术差距。在无人驾驶技术方面，我国与以美国为代表的最高水平有较大差距。这种高端技术研发最终归根结底是人才，以及能够随时掌握研发动向、进展并进行相互交流。前几年，我国相关企业主要通过在美国硅谷设立研发中心的方式，追赶或与全球同步。但前段时间，美国政府加强技术封锁，我国企业所设立的研发中心大部分不得不解散。当前的金融与经济危机，也许给我国相关企业带来一些新的机会和可能，应鼓励尽快吸引高端人才或者通过资本并购尖端企业的方式实现技术追赶，国家也应该为吸引高端人才和企业并购创造更好的环境条件。

（五）推动智能交通发展的路径与方式

智能交通与传统的交通基础设施有很大的不同：首先，其需求方、应用主体比较散，且很多是企业而非政府部门；供给方、市场主体更为分散，大部分都是中小企业，一些综合性大企业也只是其中一个事业部，如华为等；再有，单个项目规模相对较小，并且智能化系统是不断积累、逐步完善形成的。因此，政府的职责和推动路径、方式也与交通基础设施有所不同。

政府应在技术研发、试点示范、应用推广等各环节，做好应有的工作。借鉴美国智能交通系统联合计划办公室发布的《智能交通系统战略规划2020—2025》，政府应该持续不断地发现并分析判断对交通有用、有效的技术，据此推动相关技术的研发，加强技术的试点示范，加大技术的推广应用，实现对交通领域的改变提升。在研发环节，因智能交通以新技术应用为主，而非基础科学研究，研发主体应尽快从当前以高校、科研院所为主，转变为以创新研发企业为主导，避免当前脱离实际、低水平、重复研究的现状。在试点示范环节，全国应有一定的选择和规范，避免各地因纷纷试点示范而内容相近带来的油费。近两年，在智慧公路、无人驾驶等方面的试点示范开始有这方面趋势。在推广应用环节，一方面要注意防止应用一些尚未试点示范的不成熟技术，或片面追求"高大上"而选择不经济的技术；另一方面，对于一些成熟而有效的技术，如红灯信号优化配时等，需要建立相应的机制，加大力度促进全面推广应用。

通过财税等方式鼓励企业技术研发，建立合适的政绩考核机制增大市场需求，做大智慧交通产业。在供给侧，企业作为智能交通技术研发主体，要建立相应的激励机制加以鼓励，如对研发投入减免税收和对高研发投入的重点企业在贷款、上市等金融方面予以更大支持。在市场需求侧，针对政府部门，要改变政绩考核机制，政绩标的物从原来看得见的城市道路等，转向看不见的交通运行效率、服务水平的提升，从而促进各相关部门更积极地加大智能交通建设，这也符合当前交通运输的发展阶段和转型发展要求。具体需要各相关部门，从行业管理、业务运行的角度，准确提出发展需求，与相关科技企业一起分析研究，选择经济、适用的技术设备与系统。只要企业研发出更经济、实用的新技术，政府加大智能交通建设应用，就可以不断扩大智慧交通产业规模，实现交通与产业的融合发展。

第二节 "互联网＋"新业态

一、交通新业态发展态势判断与政策取向

近几年，随着移动互联网的发展，城市交通领域呈现新业态爆发现象，网约车、共

享单车、共享汽车、定制公交和共享停车等层出不穷。随着市场的选择淘汰，大多已经发生了新的变化，应把握未来的发展态势，在监管方面予以适当调整。

新业态没有改变出行方式的本质，也未能改变各自在城市交通中的定位和政府的支持鼓励态度。网约车、共享汽车，本质是小汽车出行。对我国大部分城市，尤其是大城市，网约车、共享汽车不应该成为主要的出行方式。共享单车本质是自行车出行，应该大力提倡和鼓励。定制公交是公交车，是传统公交的一种补充，能有效吸引小汽车人群转移到公交的方式，应积极鼓励。

（一）网约车

目前，网约车市场供需基本平衡，既包括总量，也包括服务的层次性和多元化，已进入存量竞争的阶段。从政府管理的角度，主要推进合规化。对于市场格局，短期内全国出现整体较大变化的可能性不大，个别城市会有一些变化。出租车有较强的地域性，只要当地老百姓能够认可其服务品质，在所属城市就具有市场竞争力，不必构建全国性平台。以高德和美团优先推出、滴滴等跟进的聚合模式，也使一些中小市场主体有了更大的生存发展空间。远期看，巡游车的改革，未来新旧业态的融合，可能会对整个市场格局产生比较大的影响。

（二）汽车共享

汽车共享、汽车分时租赁，本质是租车的互联网化，租车单位由原来以天为单位，变成以小时为单位，甚至以分钟为单位。整个租车行业是朝阳产业，未来会保持比较快速的发展态势。但是互联网化的汽车共享，面对的是传统的巡游出租车和网约车的竞争，与之相比较，它的竞争力不强。首先，在便捷性方面，从老百姓感受来讲，必须要有一定的数量规模。这方面，汽车共享很难达到目前出租车和网约车的规模，不管是资本的占用，还是大城市的小汽车限购以及停车位等方面，都会有比较大的局限。对于价格，共享汽车虽然是乘客自己开车，节省了人工，但也增加了停车费。从服务的层次和品质来说，现在的出租车包括网约车，服务也是多元化的。汽车共享，因为无人看管，车内卫生整洁度、品质很难保障。因此，汽车共享一直没有大的发展，未来也应该更多地针对特定的场景和特定的人群。作为一个不应该鼓励的、市场化的产物，政府无须为之提供停车场等直接和间接的支持，但在违章处理、社会信用等方面，应为其市场的健康发展提供条件。

（三）共享单车

共享单车，现在已经进入理性的发展阶段。有的共享单车企业已经逐步退出市场，有的从中小城市慢慢向大城市推进，有的在不断地稳固自己的市场地位，市场格局在调整中逐步固化。在这种理性的发展阶段，有两个问题值得探讨和商榷：

首先，城市是否还需要对共享单车进行总量控制？前两年，共享单车处于野蛮生长阶段，几个平台为了扩大自己的市场份额，大量投放车辆。在那个阶段，部分城市实施暂停投放的措施是必要的。现在，市场主体投放车辆均在考虑车辆利用率、考虑收益率，还需要总量控制吗？如果在投入方面还有一定的限制或控制，对不同的市场主体是否能够做到一视同仁，保持公平的市场发展环境，也值得关注。

其次，政府是否应该对这个行业采取合适的形式进行必要的财力支持。当前这个行业进入非常艰难的时期，能不能仅靠收费就保持财务上的可持续，保持行业健康发展，值得关注。如果不能，政府是否需要给予一定程度的补贴或者政府购买服务，以支持这个行业的健康发展。公共交通有一定的补贴，更绿色的自行车出行方式是否也可以进行一定的补贴？原来政府推动的公共自行车，政府投入了大量的财力，这种新的、通过市场方式实现的、得到了老百姓认可的方式，就不该进行财政上的支持吗？如果共享单车慢慢缩减，在推动自行车回归的大背景下，是一件很遗憾的事情，政府也是有责任的。

此外，政府应进一步改善自行车出行环境。近两年，随着共享单车的发展，很多城市作出了努力，但其最核心、最关键的环节还没做到位。比如，在地铁站周边等最需要停放的地方，并未设置充足的停车位；在办公楼、居住区等最方便取用的地方，未设置自行车停车位；在骑行过程中，最重要的不是有自行车道，而是自行车道不被小汽车挤占，这方面的执法力度还远远不够。如果这些方面都做到位，自行车、共享单车，不管是在大城市，还是中小城市都还有较大的发展空间。

（四）订制公交

订制公交总体发展不是特别好。订制公交的发展主要取决于政府的支持力度，包括市场化的主体能否享受普通公交同等的出行条件，如使用公交专用道和站点，价格能否放开。如果订制公交是更市场化的事物，那么整个公共交通就并非全部都是公益性的，在公共交通里有一小部分是市场化的，这个问题值得研究。教育、医疗等总体上是公益性的领域，其实也有非公益性的成分或者有市场化的成分。在订制公交方面，政府应尽快明确态度，制定相应的规则，引导市场健康发展。

（五）互联网停车共享

互联网停车共享出现得很早，但一直没有发展起来。主要是与网约车、共享单车不一样，它必须要利用既有的停车资源。而停车场的所有者和经营者，不管是住宅、商场、机关事业单位，还是路侧停车场、公共停车场，都没有很强的意愿把自己的停车位共享出来，这是制约发展的根本原因。

近两年，停车电子收费快速发展，对互联网停车共享有一定的推动。当前，不少城市在推进路内停车电子收费，可以此建立停车诱导平台，进一步推动停车共享。停车共享有潜力，也有限度，但无法真正解决停车难问题。更重要的是，停车共享不能主要靠政府的鼓励或者行政手段去推动，更多要通过市场机制和力量来推动。现在停车位的所有者、经营者不愿意把自己的停车位拿出来共享，是因为对他们来说，停车共享给他们的管理、安全等方面带来更大的麻烦，而取得的收益过低，不足以与其付出相匹配，激励不够。未来一定要通过市场的力量，通过价格上调，使之取得更大的收益，以推动共享。对于机关、事业单位以及国有企业等停车资源，可以通过行政手段推动开放共享。

（六）线上平台聚合

当前，整个城市交通乃至全国范围内的出行体系或出行业态，线上不断整合推进。网约车、共享单车、导航服务，以及票务服务，均在向综合性的出行信息平台、出行服务平台迈进。这迎合了用户习惯，为用户在一个平台上解决所有的出行问题创造了环境和条件。线上平台的聚合相对比较容易，但做好线下服务较难。不管是网约车还是共享单车，当前的竞争已经明显体现出是线下服务质量的竞争。如果线下整合质量提升，能提供全过程一体化出行服务，将有力推动各环节的整合，包括基础设施设备、运营以及票务、财务清算等。Maas与政府一直推动的旅客联程联运具有一致性，为依靠市场的力量探索了新路径。

（七）无人驾驶

无人驾驶可能会对整个出行体系、出行生态带来较大影响。也有一种忧虑，无人驾驶汽车推广后，如果汽车的形状、运行组织没有发生大的变化，交通拥堵不仅依然存在甚至更严重。因为无人驾驶可以在一定程度上提高道路通行能力，但提高的幅度不会很大，而因为不需要驾驶，在车上更轻松，会有更多的人愿意小汽车出行，造成更严重的拥堵。对于出行生态而言，无人驾驶以后，网约车、巡游车、租车、汽车共享将形态趋同，会带来市场格局大调整。其中，市场规模主要取决于小汽车购买意愿，以及购买服务的意愿。大部分人对"不习之所有、只求有用"比较乐观，但车辆拥有和无人驾驶之间的逻辑关系是什么？值得研究。比较可能的是，无人驾驶以后打车或网约车会价格更低一些，会影响自己拥有车辆。从国内外经验看，小汽车不仅仅是个交通工具，其个人"移动空间"的属性较强，很多人愿意按照自己的喜好进行装饰，喜欢把运动装备放在车里以备随时使用；无人驾驶网联化后，内部的信息系统、办公环境等都可跟个人手机、电脑高度关联，个人"移动空间"的属性更强，又会促使人们拥有车辆。因此，出行服务的市场空间，不一定会像大多数人想象的那么大。

二、创新"互联网＋"交通运输发展模式和监管方式

近几年，互联网与零售、金融等传统产业相结合，取得巨大成功，且在更多领域有蓬勃发展之势。为更好促进互联网与传统产业融合创新，国家提出"互联网＋"行动计划，正式将"互联网＋"战略提升至国家层面。交通运输作为传统行业和以互联互通为服务形态的产业，也正在与互联网尤其是移动互联网更广泛的领域更深入地融合。

（一）移动互联网与交通运输的融合，正在彻底改变交通运输发展生态

互联网已经对交通运输产生了很大的影响，未来随着更广泛、深入的融合，必将产生更大的影响和改变。

1.移动互联网改变了信息收集手段，使互联网企业构建全国交通信息平台成为可能

移动互联网、物联网等使旅客、货物、运输工具等要素成为新的数据采集源，改变了原有的信息收集手段。例如，城市道路、公路交通量等数据采集，最初由埋在地下的感应线圈、监控视频等固定检测设备完成，后来基于装有 GPS 的出租车所产生的浮动车数据，而目前每个使用高德或百度等电子导航软件的驾驶员和使用打车软件的出租车司机，既是信息使用者，也是信息提供者，这些平台都可以实时获取道路拥挤状况等数据，而且其数据源的数量规模远远超过浮动车数据，使加工的交通拥堵信息具有更高准确性；而且，其数据源在地域范围上不存在壁垒，涵盖了全国所有城市和公路网络，因

此直接建立了全国范围内的道路交通状况和导航平台，避免了原有模式下各地区、城市平台间的整合。这种精度更高、适用全国、由企业建立的交通信息引导平台，打破了过去交通信息主要来源于政府的状况，已经受到公众的广泛认可。

2.移动互联网实现了供需双方信息实时对接，可按预约需求提供更为个性化、人性化的运输服务

在移动互联网背景下，旅客和货主作为需求方，随时发出客货运输需求信息，通过网络平台与供给方（运输企业）实现直接、实时对接；运输企业在运输组织方面及时按需求状况提供相应服务，改变了原来按固定需求、计划排班，甚至毫无计划的组织模式。例如，订制公交受到广泛欢迎并得到迅速发展；又如，打车软件、"专车"等方式，使预约逐步替代出租车巡游扬招方式而成为主流运营模式。

3.互联网平台整合了供需双方海量资源，使集约化的运输组织、共享理念得到更好的实现

在互联网平台上，同时集中了海量的出行或货运需求，也汇集了海量的车辆等供给要素资源，必然会实现更集约的运输组织方式，也更容易实现资源的共享。例如，以滴滴等为代表的出租车打车软件平台降低了出租车的空驶率；货拉拉等货运平台促进供需双方对接从而提高了货车利用率；汽车共享平台提高了私家车使用率；互联网拼车平台推动了拼车、顺风车发展等。要素资源的集约、共享带来的效益是互联网交通自身持续发展的动力源泉。

4.互联网交通平台催生了新的组织方式，一定程度上改变了运输市场的主体结构

交通运输业具有典型的规模经济效益，企业规模越大，集约性越强，效益越好，因此各运输企业都努力做大。互联网平台的出现在很大程度上实现了企业功能整合，平台上所有的运营主体成为一个大联盟，平台也作为一个品牌赢得了旅客、货主的认可和信任；互联网交通平台企业还可进行运输组织调度、诚信体系考核等，成为"无车承运人"。互联网平台有效整合了小微运输企业，"大数据平台＋小微企业"的模式更有利于小微企业、个体经营的发展，逐步形成若干互联网企业与大量实体运输经营户相结合的运输组织形态。

5.互联网平台在推动要素资源共享的同时，模糊了营运与非营运的界限

互联网交通平台最大的作用和效益是整合要素资源，不论是租赁公司车辆还是私家车，都可以通过汽车租赁或汽车共享形式加入平台，实现车辆的集约利用。按照"车辆＋驾驶员"两个要素组合，可以分为出租车、约租车、顺风车或拼车，其所提供的服务相近。由此，互联网平台使专职与兼职、营运与非营运的界限逐步模糊、难以界定。

6.互联网平台企业集成了各种出行信息和票务购买功能，逐步成为真正的综合出行信息平台

例如，高德等电子地图软件，不但可以为车辆导航，还可以提供公交、地铁线路以及火车站、机场等各种信息，引导各种交通方式出行；通过携程等网站，可以购买飞机票、火车票以及租车等。这些互联网平台以大众的出行需求为目标，实现了各种出行方式的信息指引和票务购买，并帮合了饮食、住宿、游玩等其他各种功能，与理想的综合交通出行信息平台越来越近。此外，移动支付的快速发展，使全国范围内各种交通出行统一收费变得更为简单和可能，例如 ETC 实现了过路费银行卡统一支付；滴滴等实现了出租车费手机移动支付。目前全网已有上海、杭州等多个城市通过支付宝钱包同步上线"城市服务"，包括交通快速处理业务等。

（二）互联网交通产业发展潜力巨大，市场竞争和发展主导权争夺激烈

互联网尤其是移动互联网与交通产业的融合，撬动了行业的快速发展；用户基础广泛使得互联网交通成为"互联网＋"首要争夺的阵地；资源集约共享带来的巨大经济社会效益产生了巨大的市场潜力，支撑着持续发展；新兴业态生态浩大，前景广阔，需要各方共同努力，推动健康发展。

1.移动互联网撬动行业快速发展

以淘宝、阿里巴巴为代表的网上交易技术目前已经逐渐成熟，但对交通运输来说，提供的是客货位移服务，运输工具和旅客、货物都是移动的；旅客出行需求还可能随时变化，货主也需要掌握货物的实时信息，这都是以台式计算机为终端的传统互联网难以实现的。而以手机为终端的移动互联网对交通运输产生了革命性影响，如各种互联网打车、"专车"、拼车、汽车共享、停车诱导等技术快速发展，使互联网交通出现了质的变化。

2. 行业特性决定互联网交通成为"互联网+"的竞争首选

交通出行作为人们必不可少的日常生活内容，涉及人群广，是互联网企业争夺客户资源的重要领域。互联网企业经营的关键是规模经济，因此，对互联网平台企业而言，客户数量至关重要，在互联网企业发展初期，无不以扩大客户数量为首要目标。互联网交通易于培养庞大客户群体的特点，使得在交通运输领域人士看来毫无利益的事物，互联网企业也积极地去进入和开拓。如百度、高德等电子导航平台，就是通过提供免费、便利的出行信息，赢得客户的信任和使用，从交通以外的业务获取利润。

3. 资源集约共享产生巨大市场潜力

要素资源的充分利用和集约化发展带来的价值是推动互联网交通持续发展的主要因素。在交通运输领域，大量资源没有得到充分利用：货运车辆和出租车都存在较高的空驶率，私家车的时间利用率不到5%，许多停车泊位出现空闲等。如果将这些资源集约利用就会直接带来巨大的经济效益，如互联网打车、汽车共享、拼车等。另外，电子导航的应用使交通流量更均衡分布，道路资源利用更充分，既方便了出行者，节省了时间，还减少了油耗和环境污染，经济效益和社会效益十分显著。

（三）顺应互联网交通发展新要求，创新政府监管方式

互联网交通实现了供需双方信息的实时交换，大数据促成精准匹配，由此改变了运输交易、组织方式，影响着运输生产经营模式，极可能成为颠覆传统发展方式的先导领域。而且市场潜力巨大，发展非常迅速，生态浩大，交通运输企业和市场必须作好准备，把握新的发展机遇；政府行业管理部门也应顺势而为，紧跟发展态势，在鼓励创新的原则下，加强引导，创新监管方式。

1. 充分利用互联网交通特点与优势，推动行业改革

互联网交通企业新的组织形式使小微企业、个体进入行业更加简单容易，降低了市场准入门槛。这既对传统的市场主体、市场格局提出了挑战，也为行业的改革和发展带来机遇。一方面，政府应利用该契机加快推动行业改革，如利用预约出租车即"专车"的发展，推动传统出租车行业的改革。其次，应基于互联网改变了运输供需双方信息不对称的状况，对行业内部管理进行改革，如互联网使得预约出租车供需双方双向选择成为可能，价格管制、禁止挑活等规定变得不再重要。另一方面，充分利用其行业整合的特点，推进行业向更合理的方向健康发展，如发展互联网维修企业，推进汽车维修业向

连锁、规模、品牌化发展；利用互联网道路货运企业对市场主体进行整合，以市场手段有效解决道路货运"小、散"问题，推动其向规模化、网络化发展。

2.准确判定企业主体和业务属性，分类管理

首先，互联网交通平台企业不仅仅是供需双方信息交流的平台，而且作为运输服务组织者，统一服务品牌参与运输生产经营活动，因此应将其作为运输企业范畴纳入行业管理。其次，互联网交通发展使部分运输的营运与非营运界限模糊，应加强区分界定和分类管理。对于营运性的业务，如互联网专车、互联网维修，可以实行注册备案制，但资源要素必须是营运性，如车辆必须是营运车辆、人员必须具有相应的执业资格，并按相应的法规政策进行管理；对于非营运性行为，如汽车共享、顺风车等，也要明确管理部门及职责，利用既有或修改、制定新的法律法规进行管理，规范相关行为，明确在出现纠纷时的相关法律。

3.明确界定参与主体的责任，预防行业垄断行为

互联网交通企业一般采用"平台＋实体"的线上线下运作组织方式，应明确该组织模式下各参与主体的权利与责任。作为运输组织者，互联网平台企业应对运输服务的客户全权负责，并确定其他参与者的权责，这种权责划分在企业层面应有明确规定且公平合理，以便出现纠纷时政府能够起到裁判员的角色，并有法可依。互联网交通企业的核心是整合资源实现共享效益，规模越大，匹配更精确、及时，效益也越大，因此，各互联网平台在发展初期都会通过各种手段争夺用户，这种新的组织方式也决定了其很容易产生垄断，在每个领域最终可能只剩下若干个甚至一两个企业，形成寡头垄断甚至独家垄断。政府管理应从推动行业规模化发展逐步转向避免垄断以及对垄断行为的监管。

4.以要素、行为为监管对象，强化部门间协同

互联网交通企业多为跨界综合性企业，如携程、高德等，难以确定其唯一归属的行业和监管部门。政府应改变原来以企业主体性质进行监管的方式，而是针对其要素和行为进行监管。互联网主要改变的是交易方式，也在一定程度上改变了生产运营方式，但没有改变实现运输服务的要素和生产运营的活动本身。交通运输行业监管应更多地针对要素和生产活动，如人员是否具有行业资格条件、车辆是否符合行业标准、运营行为是否符合规范和环保要求等。对于互联网交通平台企业，必须接入政府监管平台，并公开必要的信息，以保障政府能够对运输服务进行监督。更加综合的企业、监管对象的细分必然涉及更多的监管部门，需要各部门协同配合、快速响应、联动处置，形成监管合力。

5.更多借助外力实现全国交通"一卡通"

费用支付也是交通出行的重要环节,推动"一卡通"是实现便捷出行的重要举措,包括全国范围内的公交一卡通,并在出租车、共享自行车等领域使用,进而推广到道路客运、铁路等各种出行方式,以及与高速公路ETC的整合等。相比传统的交通"一卡通"形式和推广模式,通过金融行业、移动支付的方式在全国范围内、各个领域进行应用推广更为简单易行,减少了中间的平台和结算手续,出行者也更便捷。当前的一些移动支付、银行卡支付是将原有交通卡芯片进行移植,因而完全可以将其功能整合到同一芯片和系统中,真正实现交通卡与银行卡等的合一。目前手机支付宝已可以在全国出租车上实现移动支付,在交通行业其他领域应用也没有技术难度。

6.开放信息数据,推动企业构建交通出行信息平台

自从推动交通信息化工作以来,各级政府一直致力于构建综合交通信息平台,但成效甚微。而在互联网推动下,利用市场化手段主要由企业依靠自身力量获取信息资源,建立交通出行信息平台,取得了巨大成功。同时,多年来,政府在交通信息化方面建立了许多信息采集手段,其很多信息源是企业层面通过其他方式难以获取的,如公交车的定位信息等,这些信息对进一步完善综合信息平台非常重要。因此,未来在交通信息化方面,一要积极推动政府部门的信息数据对外开放,二要构建企业平台,采取政企合作模式加以推进,这将是综合交通出行信息平台发展的可行之路。

7.运用大数据、购买信息服务,提升政府交通治理能力

以企业为主导建立的交通出行信息平台,除服务公众外,为增加盈利点和影响力,有较强的意愿和动力进行大数据的挖掘、分析,为政府和企事业单位服务。政府行业主管部门可以通过订制等形式,向企业购买信息资源及咨询服务,如各城市的拥堵指数、公交车和出租车等的运营状况、全国范围内黄金周以及日常的客运出行分布等。通过对这种客观采集的大数据进行数据与实证分析,可以有效地增强决策的精准性、预见性和公平性,也是提升政府管理服务水平的技术手段创新。

互联网尤其是移动互联网与交通运输的融合发展,对交通运输产生了重大变革和影响,政府与企业应加强合作,抓住技术革命和产业转型升级的历史机遇,通过行业商貌的改变、产业形态的更新和政府管理的创新,实现交通运输在互联网大背景下的更新改造,加快转变为"互联网+"行动的先导产业。

参 考 文 献

[1]王辉，刘宏刚，罗奋.交通运输与经济发展[M].长春：吉林人民出版社，2022.

[2]刘澜，王琳，刘海旭.交通运输系统分析：第3版[M].成都：西南交通大学出版社，2022.

[3]帅斌，王宇，霍娅敏.交通运输经济：第2版[M].成都：西南交通大学出版社，2021.

[4]荣朝和，林晓言，李红昌.运输经济学通论[M].北京：经济科学出版社，2021.

[5]欧国立，余思勤.运输经济专业知识与实务[M].北京：中国人事出版社，2020.

[6]李红华，周文俊，吉立爽.公路交通运输与经济发展研究[M].西安：陕西旅游出版社，2020.

[7]倪安宁.运输技术经济学：第6版[M].北京：人民交通出版社股份有限公司，2020.

[8]刘炳春.运输经济学[M].北京：经济管理出版社，2019.

[9]国家发展和改革委员会综合运输研究所.改革开放与中国交通运输发展[M].北京：中国市场出版社，2019.

[10]吴玥弢.运输经济学[M].西安：西安交通大学出版社，2018.

[11]汪鸣.交通运输与经济社会融合发展[M].北京：中国计划出版社，2018.

[12]夏立国，朱艳茹.交通运输商务管理[M].南京：东南大学出版社，2019.

[13]中国航空运输协会.中国航空运输发展：2018[M].北京：中国民航出版社，2018.

[14]李艳华.航空运输经济理论与实践[M].北京：中国民航出版社，2017.

[15]李永生.运输经济学基础[M].北京：机械工业出版社，2017.

[16]荣朝和，林晓言.运输与时空经济论丛[M].北京：经济科学出版社，2017.

[17]汤银英，陶思宇.交通运输商务[M].成都：西南交通大学出版社，2017.

[18]徐天亮.运输与配送：第3版[M].北京：中国财富出版社，2017.

[19]刘舰.工业企业运输[M].北京：北京交通大学出版社，2017.

[20]卢明银，金晓红，王丽华，等.运输经济学[M].徐州：中国矿业大学出版社，2016.

[21]孙启鹏.丝绸之路经济带国际运输通道研究[M].西安：西安交通大学出版社，2016.

[22]人力资源社会保障部人事考试中心.运输经济专业知识与实务[M].北京：中国人事出版社，2016.

[23]蒋惠园.交通运输经济学[M].北京：人民交通出版社股份有限公司，2016.